から70年頃のことです．雨が降ったり，友
□は，映画を観て日中を過ごしていました．
□営していたためです．あの頃の地方の映画
□才師の公演にも利用されていました．そう
□の2階の両袖には，畳敷きの桟敷席があっ
□は，その袖席に座って，手すり越しに2階
□疲れたら畳の上に寝転がって，セリフだ
□，観客のたくさんいる映画館に行くと心
□一人きりで観たいと思ってしまいます．
□めしたいからではなく，あの頃の習い性
□は，この点について真逆の意見を持って
□えが普通なのでしょう．「なんで観客が
□うと誘うのか，あなたの気持ちが全く
□していました．ところで，1960年から
□術と映画館には，「素行の悪い，陰気
□イメージがあったのをはっきりと記憶
□に行ってはいけないと言う先生までい
□困るというのが私の立場だったので
□，湿っぽく，陰鬱で，どこか後ろめ
□ように思います．

□フランス語』に関わることになった
□ある日，連れ合いと連名で某出版社
□．扱うべき映画をすでにいくつか
□きていました．川口恵子（2019年
□目するかを検討し，映画の背景に
□トを付け加えるつもりでした．と
□，出版計画はとん挫してしまい
□評論社の小山さんから説明を受
□直ろうとしていた2022年10月

はじめに

あれは，1960年代後半
達からの誘いがなかった日
たまたま実家が映画館を経
館は，ドサ回りの芝居や漫
したこともあって，映画館の
たのです．私の一番の悦び
から映画を観ることでした．
けを聴いていました．今でも
理的な圧迫を感じ，できれば
それは．スクリーンを独り占
からだと思います．連れ合い
いました．もちろん，彼女の考
少ない平日に，映画を観に行
理解できない！」と，よくこぼ
70年頃，この素晴らしい文化芸
な，大人の世界」といった負の
しています．小学校では映画館に
ました．そんなことを言われても
すが，確かに，あの頃の映画館は
たさ溢れる，大きな闇世界だった
さて，そんな私が，『映画に学ぶ
のには経緯があります．2009年の
に，この本の計画を持ち込みまし
選んでいて，執筆を始める準備もで
逝去）と二人で，どんなセリフに着
ついて考え，最後に語学的なコメン
ころが，某出版社が経営難に見舞わ
ます．新たなシリーズについて，教育
けたのは，世の中がコロナ禍から立ち

2

のことでした．早速，すでに出版されていた『映画に学ぶ英語　台詞のある風景』(2003年)の内容をかなり修正し，同書は，新版『映画に学ぶ英語』(2023年，小社刊)として再版されました．

　引き続いて，この『映画に学ぶフランス語』に取りかかったわけです．とはいえ，数あるフランス語の映画の中から，38作品を選定するのは容易なことではありませんでした．もちろん個人的な趣向が入ります．いろいろ考えた末に，本書の内容になりました．1930年代から8作品，40〜50年代で11作品，60〜90年代から9作品，2000年以降で10作品です．おわかりのように，年代と作品数に偏りが見られます．筆者の年齢も関係していることは明らかです．どのような選択が正しいのか分かりませんし，これで十分だとは思いません．たとえば，スイス映画やフランス語圏アフリカ映画なども選びたかったのですが，現在でもDVD，YouTube，Amazon Video，テレビ放送を通して，日本語の字幕で観ることのできる作品を中心に選ぶことになりました．その結果，ほとんどがいわゆるフランス映画になってしまいました．ただ，出来上がってみると，いろいろなジャンルの映画を入れることができ，心に残るセリフや，目に焼き付いたシーンの多くを盛り込むことができたのは幸いでした．映画作品は，編年的に並べられています．初期のトーキー映画に始まり，両親の世代が憧れを抱いて観ていた，フランス映画の良き伝統と言える作品群が次に来ます．やがて監督たちの世代交代とともに，ヌーヴェル・ヴァーグが登場します．しかし，その流行も終わり，現在に近づいてもなお，世界中で優れたフランス語の映画作りが継続されていることが分かる内容になっています．

　セリフの文字転写と不明箇所については，大阪大学大学院専任講師として活躍しているトゥール出身のバルカ・コランタンくんとベルギー出身のヤヤウイ・ファティマさんから協力を得ることができました．また，パリ第三大学名誉教授のドゥベズィウ・ジャンヌ＝マリ氏が，セリフ部分の最終チェックを引き受けてくださいました．こうした援助がなかったら，本書は今のような形で出版することができなかったと思います．彼らにはこの場をお借りして感謝したいと思います．も

3

ちろんセリフやその解釈における誤りは，全て著者に帰されるべきものです．

　本書を執筆するにあたり，多数の書籍や映画パンフレット，さらに字幕翻訳家の方々のセリフ訳を参考にしました．以下に主要な参考文献リストを挙げておきます．フランス語映画という分野の層の厚さと幅の広さを感じずにはいられません．そうした方々の末席に，ちょっと居場所を見つけられるとすれば，あの2階桟敷で過ごした時間が，無駄ではなかったように思えます．

　最後になりますが，絶版となったシリーズの再版を企画し，今後もいろいろな言語でシリーズの充実を計画しておられる教育評論社に感謝申し上げます．また，編集部の小山香里さんと清水恵さんには初校の段階からいろいろとお世話になりました．

　本書がどのように読まれ，どのような感想を持たれるのかは想像できません．ただ，本書を通して，映画への興味が少しでも増し，あるいは映画が好きになるようなことがあれば，私にはそれ以上の望みはありません．本書を読んだ後は，ぜひ，暗いスクリーンの前で，あるいはビデオ画面に顔を埋めて，7000秒ほどの至福の時を過ごそうではありませんか！

　2024年春　川口　裕司

【主要参考文献】

Drazin C.（2011）*The Faber Book of French Cinema*, Faber and Faber.

Oscherwitz D. and M. Higgins（2009）*The A to Z of French Cinema*, The Scarecrow Press.

Passek J.L. dir.（1987）*Dictionnaire du cinéma français*, Larousse.

Sadoul G.（1981）*Dictionnaire des films*, Seuil.

Singerman A.J., and M. Bissière（2018）*Contemporary French Cinema : A Student's book*, Hackett Publishing Company.

Temple M. & Witt M.（2018）*The French Cinema Book*, 2nd Ed. Palgrave.

Dictionnaire du Cinéma français（2019）Encyclopaedia Universalis France.

インスドーフ A.（2013）『フランソワ・トリュフォーの映画』、和泉涼一、二瓶恵訳、水声社.

川口恵子（2010）『ジェンダーの比較映画史』、彩流社.

川口恵子（2011）『映画みたいに暮らしたい！』、彩流社.

ケンプ P.（2017）『世界シネマ大事典』、遠藤裕子他訳、三省堂.

ゴダール J.L.（2012）『ゴダール映画史（全）』、奥村昭夫訳、筑摩書房.

『世界の映画作家29　フランス映画史』（1975）キネマ旬報社.

田山力哉、山根祥敬（1994）『決定版　名作外国映画コレクション1001』、講談社＋α文庫.

中条省平（2003）『フランス映画史の誘惑』、集英社新書.

中条省平（2010）『決定版！フランス映画200選』、清流出版.

バザン A.、トリュフォー F.（1980）『ジャン・ルノワール』、奥村昭夫訳、フィルムアート社.

ベルガラ A.（2012）『六〇年代ゴダール：神話と現場』、奥村昭夫訳、筑摩書房.

マリ M.（2014）『ヌーヴェル・ヴァーグの全体像』、矢橋透訳、水声社.

村山匡一郎（1994）『映画100年 STORY まるかじり』、朝日新聞出版.

山田宏一（2003）『フランソワ・トリュフォー映画読本』、平凡社.

映画に学ぶフランス語　目　次

38 films
pour apprendre le français

7

装丁＋本文デザイン＝中村友和（ROVARIS）

巴里の屋根の下
Sous les toits de Paris

ルネ・クレール監督

▶製作◎フランク・クリフォード
▶脚本◎ルネ・クレール
▶美術◎ラザール・メールソン
▶撮影◎ジョルジュ・ペリナル, ジョルジュ・ロレ
▶音楽◎ラウル・モレッティ, アルマン・ベルナール, ルネ・ナゼル
▶出演◎アルベール・プレジャン, ポーラ・イレリ, エドモン・グレヴィル, ガストン・モド他
▶製作年等◎1930 年, フランス, 96 分

ストーリー

パリの街並みで幕が開く. アルベール（プレジャン）は街角でシャンソンを唄い, 相棒のルイ（グレヴィル）が楽譜を売って生計を立てている. ルーマニア娘のポーラ（ポーラ）は顔役のフレッドに言い寄られ, 部屋の鍵をとられてしまう. ポーラが部屋に戻れないのを心配して, アルベールは自分の部屋に彼女を泊めてやる. そしてアルベールにポーラへの愛が芽生える. アルベールは街角で唄い, ポーラが譜面を売る. 苛立つフレッドは「ポーラから手を引け」という手紙をアルベールの友人に渡す. そうこうするうち, 友人から預かったカバンが盗品だとわかり, アルベールは警察に逮捕される. 嫌疑が晴れて家に戻り

フレッドの手紙をみつける. ダンスホールに行くと, ポーラがまたしてもフレッドにからまれている. ポーラをなんとか助け出し, 彼女を抱きしめる. ところがポーラはルイの恋人になっていたのだ. 失意のアルベールとルイが言い争う.

さて, 巴里の屋根の下で生まれたこの愛には, どのような結末が待ち受けているのだろうか.

発売:シネマクガフィン／販売:紀伊國屋書店
提供:セテラ・インターナショナル
ブルーレイ版:￥5,800+税/DVD版:￥4,800+税
ブルーレイ&DVD絶賛発売中/U-NEXTほか絶賛配信中

主題曲

Quand elle eut vingt ans
Sa vieille maman
Lui dit un jour tendrement :
Dans notre logement
J'ai peiné souvent
Pour t'élever fallait de l'argent
Mais t'as compris, un peu plus chaque jour,
Ce que c'est le bonheur, mon amour

娘が二十歳になると
年取った母さんは
ある日優しくこう言いました：
私たちの住まいで
ほんとに苦労したわ
あなたを育てるにはお金がかかったのよ
でもわかったでしょ，毎日すこしずつ，
幸せが何なのか，可愛い子

◎文法のポイント▼ fallait は il fallait の口語表現．t'as compris も
tu as compris の口語表現．▼ un peu plus「さらに少し」が直訳．
▼ Ce que... の部分は t'as compris から続いている．

セリフの背景　『巴里の屋根の下』が製作される 3 年前，アメリカ初
の発声映画（トーキー，フランス語では film parlant
あるいは cinéma parlant ）が産声を上げた．その名は
『ジャズ・シンガー *The Jazz Singer* 』．パリでの公開は
1929 年 1 月で，センセーションを巻き起こした．ジャズの映画が生
まれ，トーキーが世界に広がり，フランスではミュージックホールの
シャンソンが隆盛する．この映画で使われているシャンソンにはそう
した背景があった．

初期のトーキー作品を観てみると，ルネ・クレール監督のように，無声映画への矜持のようなものを感じる．セリフをできるだけ少なくして映画を撮りたいという強い思いだ．評論家のピエール・ビヤールはクレールの言葉を引用する．(...) cinéma parlant, monstre redoutable, création contrenature, grâce à laquelle l'écran deviendrait un pauvre théâtre (...)「トーキー映画，恐るべき怪物，自然に反する作りごと，そのためにスクリーンはオンボロ劇と化す」．クレールはトーキーに対してかなりの急先鋒だったことがわかる．「恐るべき怪物」がスクリーン上で暴れ回ることがないように鎮めておくためだろうか，この映画には音楽と歌声が溢れ，いたるところに無声映画が顔をのぞかせている．その結果，観る者の記憶から決して消えることのない，心に深く突き刺さる，あの感動のシーンが練り上げられたのだ．

　パリの通りを行き交う人たちがしばし足を止め，街角楽師の唄声に聴き惚れ，皆で大合唱し，そして楽譜を買う．クレールは別の映画を撮影中にこの風景に出会った．ただ実際に観たのは夜の楽師だったようだ．巴里を舞台とする日常の物語はこうして開幕する．その時に聞こえてくる主題曲は次のように続く．

Sous les toits de Paris / Tu vois ma p'tite Nini

On peut vivre heureux et bien uni / Nous sommes seules ici-bas

On ne s'en aperçoit pas / On se rapproche un peu plus et voilà!

パリの屋根の下／ねえ 可愛いニニ

幸せに仲よく暮らしていけるね／ここじゃあ二人っきりだけど

そんなこと気にならない／もう少し近くへ来て，そうよ！

　シャンソンはもはやトーキー映画の付属物ではなく，巴里の日常というテーマを活写し，人々の夢を紡ぐための巧妙な仕掛けとなった．この街角楽師のシーンは，1930年に公開された無声映画『美人コンテスト *Prix de beauté*』の台本から削られ，この映画のために転用されたものらしい．いずれにしても『巴里の屋根の下』をどのような日常の心象風景で描き始めたらよいのか，クレール監督はさぞ悩んだに違いない．

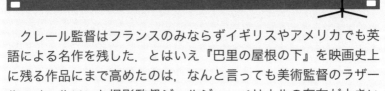

『巴里の屋根の下』について

　クレール監督はフランスのみならずイギリスやアメリカでも英語による名作を残した。とはいえ『巴里の屋根の下』を映画史上に残る作品にまで高めたのは、なんと言っても美術監督のラザール・メールソンと撮影監督ジョルジュ・ペリナルの存在が大きい。

　メールソンの生まれたワルシャワは当時ロシア帝国の町だった。ベルリンで照明技師として働き、1924年にパリに移住しアルバトロス社の美術助手になる。そのパリでクレールとの運命的なコンビが誕生した。『気弱な二人 Les deux timides』（1928）を皮切りに、彼はクレール作品の美術を担当するようになり、本作を含む多くの名画『ル・ミリオン Le million』（1931）、『自由を我等に À nous la liberté』（1931）等を生み出したのだった。そしてもう一人の立役者が撮影監督ペリナルだ。

　映画の冒頭、煙突の立ち並ぶアパルトマンの屋根からゆっくりと降りてくるカメラは、街角に立つ辻楽師と住民たちの親密な雰囲気を映し出す。するとカメラはゆっくりと上昇し、近くのアパートの窓から顔を出す人たちの楽しげな表情を捉える。スタジオ内にセットを組めないことがわかると、急遽、スタッフたちは撮影所の中庭にあの幻想的な街角を組み上げた。何度観ても吸い込まれてしまう魔法のようなシーンだ。

　この不朽の名作は、最初にフランスで封切られたが不評だった。後にドイツでプロモーション上映され成功をおさめ、フランスでも再評価された。日本では1931年5月に東京の有楽町界隈で封切られたちまち反響を呼んだ。

　ラウル・モレッティとルネ・ナゼルの主題曲に日本語の歌詞をつけたのは西條八十。「なつかしの思い出に／さしぐむ涙／なつかしの思い出に／流るる涙／マロニエ 花は咲けど／恋し君いずこ…」西條は自身の恋心を詠ったため、原曲の明るい夢や希望とは正反対のしっとりした悲しみに近い夢想になっている。余韻を楽しむ私たちには、このほうが心に染み入る感じがする。

＊JASRAC 出 2402963-401

② 巴里祭
Quatorze Juillet

ルネ・クレール監督

▶製作◎ロジェ・ル・ボン
▶脚本◎ルネ・クレール
▶美術◎ラザール・メールソン
▶撮影◎ジョルジュ・ペリナル
▶音楽◎モーリス・ジョベール
▶出演◎アナベラ, ジョルジュ・リゴ, レイモン・コルディ, ポーラ・イレリ他
▶製作年等◎1933 年, フランス, 86 分

ストーリー

　　革命記念日前日の 7 月 13 日, 人々は祭の飾りつけで忙しい. タクシー運転手のジャン（リゴ）は, 向かいの部屋に住んでいる花売り娘のアンナ（アナベラ）のことが好きで, 野外ダンスパーティーに誘う. 酒を飲みながら楽団が演奏するため, しばしば音楽が中断する. すると突然のにわか雨. ジャンとアンナは雨宿りしながら愛を確かめる. ところが翌日, ジャンの部屋に行ってみると, 舞い戻って来た元恋人のポーラ（イレリ）がいるではないか. アンナはジャンの心変わりを疑い, ダンスには行かず, ジャンの部屋を眺めている. そうこうするうちに病弱なアンナの母が死ぬ. 仕方なくアンナは花売りをやめて, メゾン・レオンというカフェで働き始める. ジャンも運転手の仕事を辞めてチンピラに身を落とす.

そして運悪く, チンピラ仲間とメゾン・レオンに強盗に入る. ジャンが逃げるのを助けたせいでアンナはクビになる. こうして再びアンナは花売りに, ジャンはタクシー運転手に戻ったのだが, この二人, この先一体どうなるのか.

写真協力：(財)川喜多記念映画文化財団

Femme de : Venez voir! Venez voir! Tiens? Elle
ménage   n'est plus là! Il l'a emportée!
Voisine   : Quoi? La photographie?
F : Oui! Vous vous rappelez? Cette petite brune
qui venait le voir. Même qu'elle a habité ici
avec lui. Et puis, elle est partie.

....

家政婦   ：来てごらん！ ほら来て！（ジャンの部屋に入って）
             あら？ ないわ！ 持って行ったんだ！
隣人の女性：何のこと？ 写真？
家政婦   ：そう！ 覚えてる？ よく来てた栗色髪のあ
             の女よ．同棲してたでしょ．でも出て行っ
             たのよ．（床の上にポーラの写真）

▼

Anna   : Jean! Tu reviendras au bal, demain?
             Vraiment?
Jean   : Mais oui!
Anna   : Avec moi?
Jean   : Mais oui, avec toi!
Concierge : Alors, c'est pas bientôt fini? Mais!
             Est-ce que vous allez laissez ma porte
             ouverte comme ça toute la nuit?

....

アンナ ：ジャン！ 明日もまた踊りに来るわね？ 本当ね？
ジャン ：もちろん！
アンナ ：私と？
ジャン ：もちろん，君と！ （キスをする）
管理人 ：ちょっと，まだ終わらないの？ もう！ 一晩中
        ドアを開けとくつもり？

▼

セリフの背景

　同棲していたポーラが突然ジャンの所を出て行ってしまう．物語の発端はこれだ．最初のセリフでは，家政婦と隣人女性がポーラについて噂する．ジャンはポーラと別れ，今度はアンナが好きになり，セリフにあるように，踊りに出かける約束をする．いずれのシーンも，脇役のグチがストーリーにアクセントを与えている．ジャンの恋心は，いつも明るく軽やかなのだ．

　ところで，『巴里祭』が封切られたのは1933年1月中旬．2週間後にはドイツでヒトラー内閣が成立する．ナチズムの暗い影は，やがてヨーロッパ全土をおおい尽くす．戦争の足音が聞こえる時期に，クレール監督は心弾みワクワク感あふれる7月13日の巴里を描いた．現実の世相とは切り離された映画という想像空間の中で，シャンソンに合わせてダンスを踊り，酒を酌み交わし談笑する．ジャンとアンナが踊っている時に聴こえてくるのが有名な主題歌だ．モーリス・ジョベールが作曲し，歌詞はクレールが書いた．恋夢の花が咲き乱れ，すべては春色に染まる．当時の観客は，暗い映画館で展開される祝祭的な風景に，束の間の安堵を感じたであろう．

　この映画は，『巴里の屋根の下』（8頁）と同じ，監督クレール，美術メールソン，撮影ペリナルのトリオ作品だ．冒頭，スクリーンに革命記念日のボンボリや飾りが映りこみ，国旗を立てる人の姿が見える．続いてメールソンの製作したスタジオセットが観客の視覚を幻惑する．巴里の下町に特有の階段が，えも言われぬ急な角度で長く長く天へと向かっている．子供たちの遊ぶ姿が見えると，すぐにカメラは左に大きく回り，ホテル2階の窓をフォーカスする．愛くるしい表情のアンナが窓辺に現れ，片手にコップを持って朝の歯みがきをする．画面は切り換わり，アンナを見つめるジャンの顔が映し出される．巴里のごく日常的なイマージュがみごとなまでに再現された瞬間であり，とても魅力的なシーンだ．

　映画の原題はフランス革命を記念する日付，『7月14日 *Quatorze Juillet*』なのだが，映画の大ヒットによって，日本では7月14日のことを『巴里祭』と呼ぶようになってしまった．

『巴里祭』について

　　アンナ役を演じたアナベラと，ポーラ役のポーラ・イレリは
『巴里祭』にそれぞれ独自の彩りを与えている．タクシー運転手の
ジャンは，この対照的な二人の女性の間で心揺れ動く．野外ダン
スパーティーでにわか雨にあい，雨宿りしながらジャンとアンナ
は愛し合う．これまで何度同じようなシーンがスクリーン上で繰
り返されたことか！花売り娘のアンナは，酔っ払い紳士に対して
は気丈に振舞うが，病気の母やジャンには繊細な乙女心をうちに
秘めている．これに対してジャンの元カノだったポーラは男を手
玉にとるタイプだ．身勝手にもジャンの所に転がり込んで出て行
こうとしない．ジャンもだらしない奴だ．ポーラに未練はないと
言いながら追い出すことができないでいる．煮え切らないジャン
の態度が災いし，アンナはポーラとジャンの関係を疑うようにな
る．ジャンはタクシー運転手から町のチンピラへと身を落とすが，
最後にアンナの愛を勝ち取る．その経緯は，ジャンのタクシーが
アンナの花売り車と衝突する．相手は一体どこのどいつだとばか
りに確認しあう．なんと事故の当事者は自分たち二人だったのだ．
するとまた折からの大雨．二人は周りを巻き込んで，降りしきる
雨の中，相手の過失を主張しあう．事故現場はごったがえし，相
手をなじる肉声が観客席に飛び込んでくる．トーキー映画ならで
はの醍醐味だ！二人は再び雨宿りして愛を確かめ合う．だが今度
こそ真の愛だ！

　　二人の女優はほぼ同時代を生きた．アナベラは1907年パリに生
まれ，『ナポレオン *Napoléon*』(1927) でデビューした．ハリウ
ッドでも成功し，帰国して『北ホテル *Hôtel du Nord*』(1938)
(32頁) に出演．1954年に引退し1996年パリで死去した．イレ
リは1909年ルーマニアに生まれた．1928年から銀幕に登場し，
『巴里の屋根の下』で主演を務めた．アメリカ合衆国に移住するが
ほどなく夫を事故で失う．その後はアメリカ赤十字に勤務し，市
民権を取得．ロサンゼルスに住み1993年に生涯を閉じた．

③ アタラント号
L'Atalante

ジャン・ヴィゴ監督

▶ **製作**◎ジャック＝ルイ・ヌネーズ
▶ **脚本**◎ジャン・ギネ，アルベール・リエラ，ジャン・ヴィゴ
▶ **音楽**◎モリス・ジョベール
▶ **美術**◎フランセ・ジュルダン
▶ **出演**◎ディタ・パルロ，ジャン・ダステ，ミシェル・シモン，ジル・マルガリティス 他
▶ **製作年等**◎1934年，フランス，89分

ストーリー　結婚式を挙げたばかりの二人が村の教会から出てくる．親類たちが二人を祝福する．しかし新婦のジュリエット（パルロ）は不安げな顔をしている．それは夫のジャン（ダステ）が，セーヌ河の上流と下流を行き来するアタラント号の船長で，彼女はこれから水上の人生を送ることになるからであった．最初こそ船上の生活を楽しむジュリエットだったが，ラジオでパリのニュースを聞くや，心ここにあらずとなった．ジャンはそのことが気にいらない．とうとう彼女に手を上げる．その時に鏡が割れ，老水夫のジュール（シモン）は，「良くないことが起こるぞ」と予言する．

　ある日，陸に上がった二人はダンスホールに行く．ジュリエットはそこで行商人（マルガリティス）に言い寄られ，パリへの憧れがさらに大きくなる．そしてある夜，とうとうジュリエットは船を抜け出した．ジャンは彼女を探すことなく船を出す．ジュリエットはやがてお金がなくなり途方に暮れる．ジュリエットはこのままどうなるのだろうか．

Juliette : Comment! Tu as fermé les yeux?
Jean : Fermé les yeux? Bien sûr! Je m'y atten-
dais pas! Mais qu'est-ce que ça peut
faire?
Juliette : Qu'est-ce que ça peut faire? Mais tu ne
sais pas? Tu ne sais pas que dans l'eau,
on voit celui qu'on aime?
Jean : Qu'est-ce que tu racontes? (...)
Juliette : Et même l'année dernière, c'était toi
que j'ai vu! Oh, je t'ai bien reconnu,
hein, quand tu es venu à la maison
pour la première fois.

....

ジュリエット：えっ！　目を閉じてるの？
ジャン　　　：閉じてるかって？　もちろん！気にしてな
　　　　　　　かったけど！で，それが何か？
ジュリエット：何かですって？　知らないの？　水の中だと
　　　　　　　好きな人が見えるって言うのを？
ジャン　　　：何の話だい？（…）
ジュリエット：去年だってあなたが見えたわ！　だから初
　　　　　　　めて家に来た時もあなただってちゃんと
　　　　　　　わかったのよ．

▼

◎文法のポイント▼ Je m'y attendais pas!「そのことを僕は予想し
ていなかった」という意味．話し言葉なので，否定の ne が脱落
している．▼動詞 raconter「語る，話す」には，「くだらない，
あまり重要ではないことを話す」というニュアンスがある．
▼ジュリエットの発音が réconnu [ʁekɔny] と訛っている．
▼ pour la première fois は「初めて」の意味．

セリフの背景

　ヴィゴ監督は抒情的な映像を通して，人間の幸福，不安，愛情といった根源的な心の動きを描き出すのがうまい．たとえば，冒頭，ジョベールの音楽にのせて，教会から村の通りを歩く新婚夫婦の姿がある．幸せなはずが，船上生活に不安を抱き，顔を曇らせているジュリエットがいる．後半では，離れ離れになった二人が幻の熱に浮かされて，互いの愛に気づくシーンがある．20代の監督が製作したとは思えない成熟した映像に驚かされる．

　セリフのシーンでは，ジャンがバケツで顔を洗っていると，ジュリエットが来て，「水中で目を開けると好きな人の顔が見えるのよ」と言う．なんとロマンチックなことを！それを聞いたジャンはセーヌ河に頭をつっこんで，「見えた，君が見えた！」と答える．単調な船上生活に潤いを与えるユーモラスな掛け合いだ．

　ジュリエットは日々の単調さが思わず口をついて出る．**Dire que c'est comme ça toutes les nuits...**「ほんと毎晩こうなんだから…」ジャンはすかさず，**Tu t'ennuies?**「退屈かい？」「いいえ」と答える妻に，**T'en fais pas! On va repartir, tu verras du pays!**「心配すんな！また出港したら，いろいろ見られるから！」するとジュリエットは，**Des rives...**「河岸ばっかり…」と下向く．そんな生活が一変するきっかけは，ラジオから聞こえてきたオスマン大通りのニュースだった．

　「夜会では赤のラメやサテンが流行．ベレー帽は粋に左に傾けます．」彼女の心が解放された瞬間だ．嗚呼パリだ！もう後戻りできない．

　素晴らしい映像の中でも圧巻は，ジュリエットを求めるジャンがセーヌ河に飛び込み，水中で見る夢のシーンだろう．水中で目を開けて泳ぐジャンの姿に，ウェディングドレスを着たジュリエットがドレスの裾とヴェールをなびかせるイメージが重なり合う．かなわない永遠の愛の対象として花嫁は水中を漂うのだ．とても幻想的な映像だ．この水中シーンは，レオス・カラックス監督の『ポン・ヌフの恋人 *Les Amants du Pont-Neuf*』（1991）のラストで，もういちど繰り返されることになる．

18

『アタラント号』について

　天才とは薄命で不運なのかもしれない．ジャン・ヴィゴ監督の人生はまさにそうだ．彼の原体験には獄中で自殺した無政府主義者の父の姿がある．父親のこともあり，シャルトルの全寮制学校に通い，その時の体験から『新学期 操行ゼロ *Zéro de conduite: Jeunes diables au collège*』（1933）という41分の小作品が生まれた．次作では無政府主義者ウジェーヌ・デュドネの波乱万丈を描きたかったのだが，検閲を刺激するのを恐れて実現しなかった．そこに持ち込まれたのが『アタラント号』の脚本だった．

　この映画が貴重なのは，スタジオセットではなく，ロケーション撮影を行って，1933-34年のパリの街角やセーヌ河畔，水門と橋，空からのセーヌ河をフィルムに焼きつけたことだ．作品ではジュール役を演じるミシェル・シモンが異次元の演技を見せている．このベテラン俳優が駆け出しの若手監督の映画に出たことは，『アタラント号』にとって幸運なことだった．シモンは前作で検閲に挑戦しようとしたヴィゴの気概にいたく共感し，自ら進んで出演したという．

　ヴィゴは自分が演技をすることで俳優たちを演出し，納得がいくまで何度も撮り直した．冬の撮影だったため，スケジュールが延びて，ヴィゴの身体に巣食う悪魔がついに姿を現す．4カ月間の過酷な撮影が1934年2月に終わると，ヴィゴは肺結核が悪化し，10月5日に29歳の若さで亡くなった．作品はゴーモン社から大衆向けではないと酷評され，なんと内容の修正を受けて，初公開時は『過ぎ行く艀 *Le chaland qui passe*』と改題された．ただ，幸いにもヴィゴは蹂躙された自作を観ることはなかったようである．

　ヴィゴの才能と業績が認められたのは第二次世界大戦後のことだった．1951年にジャン・ヴィゴ賞 Prix Jean Vigo が創設され，同賞は優秀で前衛的な新人映画監督を発掘し続けている．アラン・レネ，クロード・シャブロル，ジャン＝リュック・ゴダールも初期の受賞者だった．

4 外人部隊
Le Grand Jeu

ジャック・フェデー監督

- ▶**製作**◎アレクサンドル・カメンカ
- ▶**脚本**◎ジャック・フェデー，シャルル・スパーク
- ▶**美術**◎ラザール・メールソン
- ▶**音楽**◎ハンス・アイスラー
- ▶**出演**◎マリー・ベル，ピエール・リシャール＝ウィルム，シャルル・ヴァネル，フランソワーズ・ロゼ他
- ▶**製作年等**◎1934 年，フランス，120 分

ストーリー

　ピエール（リシャール＝ウィルム）はフロランス（ベル）とパリで贅沢な生活を送っていた．だが証券の紛失が発覚し，ピエールの使い込みがばれて転落の人生が始まる．流れ着いた先はモロッコの外人部隊だった．宿屋の女主人ブランシュ（ロゼ）の占いによると，彼女に再会はできるが不幸な結果になるという．そしてピエールは酒場でフロランスによく似たイルマ（ベルの二役）に出会う．ピエールはイルマにパリのことを問い詰める．ピエールが軍隊から戻ると，イルマと宿屋の主人ができていた．怒りから主人を殺してしまう．しかしブランシュの証言で事なきを得る．ピエールは伯父の遺産に関する手紙を受け取り，イルマと一緒にパリに帰ろうとする．汽笛の聞こえる部屋で二人は旅の準備をした．ところが出発前日に偶然フロランスに会う．ピエールはイルマとフロランスの間で心揺れる．二人はパリに行くのか．フロランスとの関係はどうなるのか．

写真協力：(財)川喜多記念映画文化財団

Irma : (...) La journée est longue, mais je t'attends. Il fait trop chaud... tu vas venir! Il pleut... tu vas venir!

Pierre : Qui t'a dit ces mots-là?

Irma : Mais personne!

Pierre : Écoute Irma, on n'oublie pas comme ça qui on est, d'où on vient!

Irma : Qu'est-ce que ça peut faire?

Pierre : Ah il faut que tu te souviennes!

Irma : Je ne peux pas!

イルマ ：(…) 一日は長いけど，あなたを待つわ．どんなに暑くても…来てくれる！ 雨が降っても…来てくれる！

ピエール：誰がそんなこと言ったんだ？

イルマ ：いえ誰も！

ピエール：いいかいイルマ，自分が誰でどこから来たのか，そんな風に忘れることなんてないよ！

イルマ ：だからどうだって言うの？

ピエール：思い出さなきゃいけないよ！

イルマ ：できないわ！

▼

◎文法のポイント▼ tu vas venir は，近い未来「きみは来るだろう」の意味． ▼ Écoute は命令形で「聞いてくれ」という意味． ▼ qui on est, d'où on vient の on は話し相手のこと．つまり「君」を暗に指している． ▼ Qu'est-ce que ça peut faire ?「だから何が問題だ」という慣用句． ▼ il faut que「～ねばならない」の後で，動詞は接続法 souviennes になる．

パリでスポーツカーを乗り回し，なに不自由なく暮らしていたピエールは，使い込みがバレて失職する．それが最愛のフロランスとの別れにつながる．ピエールにとって，外人部隊に入ってモロッコに向かうことが起死回生の「Le Grand Jeu 大きな賭け」（映画の原題）だった．友人のニコラは自ら志願して前線で戦死する．ニコラの遺品を整理している時，ロシア語の新聞をみつけ，彼が青年革命家で，夢破れて人生の賭けに出たことを知る．そんなある日，ピエールは兵士が集まる酒場でフロランスと瓜二つのイルマに出会う．フロランスの記憶が頭から離れず，イルマがパリ出身に違いないという妄想に囚われ，堰(せき)を切ったようにイルマに質問を浴びせかける．

Pierre : Et... d'où viens-tu?　ピエール：で…どこから来たんだい？

Irma　: Barcelone.　イルマ：バルセロナよ．

Pierre : Et avant?　ピエール：で，その前は？

Irma　: Bordeaux.　イルマ：ボルドーよ．

Pierre : Et avant?　ピエール：で，その前は？

Irma　: Qu'est-ce que ça peut te faire?

イルマ：それがどうだって言うの？

Pierre : Bah pourquoi que tu peux pas me répondre?

ピエール：ほう，なぜ答えられないんだ？

Irma: Je veux bien. Mais je sais pas exactement.

イルマ：いいわよ．でも正確にはわからないのよ．

Pierre: Tu veux pas me le dire!

ピエール：僕に言いたくないんだろ！

パリという答えを言おうとしないイルマにピエールの怒りは止まらない．

ある夜，ピエールが夕食もそこそこに部屋に上がる．ブランシュに促されイルマは彼のところに行く．そして21頁のセリフの場面になる．イルマが「一日は長いけど，あなたを待つわ……」と言うのを聞くや，脳裏にフロランスとの思い出が鮮明に蘇り，「誰がそんなことを言ったんだ？」とピエールは再びイルマを問い詰めるのだった．

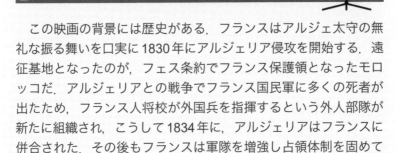

『外人部隊』について

　この映画の背景には歴史がある．フランスはアルジェ太守の無礼な振る舞いを口実に1830年にアルジェリア侵攻を開始する．遠征基地となったのが，フェス条約でフランス保護領となったモロッコだ．アルジェリアとの戦争でフランス国民軍に多くの死者が出たため，フランス人将校が外国兵を指揮するという外人部隊が新たに組織され，こうして1834年に，アルジェリアはフランスに併合された．その後もフランスは軍隊を増強し占領体制を固めていった．

　そんな状況下で人生を賭けて外人部隊に入隊するも，フロランスへの思いを断ち切れないピエールがいる．さらにイルマと出会ったことで，イルマとフロランスの間でピエールの心は千々に乱れる．一体どんな運命がピエールを待ち受けているのか？ そこで伏線となるのがトランプ占いだ．しこたま飲んだピエールの行く末を宿の女将ブランシュが占う．映画の終わりに近いシーンだ．Eh ben! Tu vas avoir une médaille!「ほう！あんた勲章もらうよ！」とブランシュが言うのを聞いて笑うピエール．Tu sais mais alors, quelque chose d'e-d'exceptionnel, hein! Dont on parlera!「じゃあ，次は普通じゃないことね！今から言うわよ！」と言って，カードをとったブランシュの深刻な表情が画面いっぱいに広がる．ダイヤの9の隣にスペードの9を置いたかと思うと，彼女は卓上のカードを投げ捨てた．そしてブランシュは，Ah! Tu me fais trop boire, je vois plus clair. Puis d'ailleurs, tout ça c'est idiot, quoi! Ça veut rien dire!「ああ！あんたが飲ませるからだよ，そうだわ．それにこりゃ全部馬鹿げてる！意味ないわよ！」と吐き捨てる．この後の結末はスクリーンでどうぞ．

　ところで『外人部隊』の物語を方向づけ，展開に重要な役割を果しているのは独特の立ち居振る舞いで，アクの強い女将役を演じたフランソワーズ・ロゼだ．彼女はジャック・フェデー監督夫人である．

4

外人部隊

23

5 大いなる幻影
La Grande Illusion

ジャン・ルノワール監督

▶**製作**◎アルベール・パンコヴィッチ，フランク・ロルマー
▶**脚本**◎シャルル・スパーク，ジャン・ルノワール
▶**音楽**◎ジョゼフ・コズマ
▶**撮影**◎クリスチャン・マトラ
▶**出演**◎ジャン・ギャバン，ディタ・パルロ，ピエール・フレネ，エリッヒ・フォン・シュトロンハイム，マルセル・ダリオ他
▶**製作年等**◎1937年，フランス，113分

ストーリー

第一次大戦下の1916年，フランスの偵察機が撃墜される．操縦士のマレシャル中尉（ギャバン）とボワルデュー大尉（フレネ）が捕虜になり連行される．隊長のラウフェンシュタイン大尉（フォン・シュトロンハイム）は同じ貴族出身のボワルデューに親しみを感じた．彼らはハルバッハ将校捕虜収容所に移送される．同室のローゼンタール中尉（ダリオ）はユダヤ財閥の御曹司だった．皆で脱走を計画する．しかし決行の当日に移動命令が出て，彼らは収容所を転々とし，スイス国境のウィンテルボーン収容所に行く．所長はラウフェンシュタインでありローゼンタールもそこにいた．再会を喜ぶがすぐに脱走計画を練る．ボワルデューはマレシャルとローゼンタールの脱走を助けるが，ラウフェンシュタインに撃たれる．脱走した二人は農家に逃げ込む．やがてマレシャルはエルザ（パルロ）と恋に落ち，戦争が終わったら迎えに来ると約束し，国境に向かう．

写真協力：(財)川喜多記念映画文化財団

24

Le commandant : Un « Maréchal » et un « Rosenthal », officiers...?

Boëldieu : Ce sont de très bons soldats!

L : Oui! Joli cadeau de la Révolution Française.

B : (rires) Je crains que... ni vous ni moi ne puissions arrêter la marche du temps.

L : Boëldieu! Je ne sais pas qui va gagner cette guerre. La fin, quelle qu'elle soit, sera la fin des « Rauffenstein » et des « Boëldieu »!

B : On n'a peut-être plus besoin de nous.

L : Et vous ne trouvez pas que c'est dommage?

....

所長 ：マレシャルやローゼンタール，士官たちのことですね？

ボワルデュー：彼らは素晴らしい兵士です！

所長 ：もちろん！ フランス革命の良き贈り物ですな.

ボワルデュー：(笑い) あなたも私も時代の流れは止められません.

所長 ：ボワルデュー殿！ この戦争の勝者は誰かわかりません． どちらにせよラウフェンシュタイン家とボワルデュー家は終わるのです.

ボワルデュー：我々はもはや必要とされないですな.

所長 ：残念だと思いませんか？

◎文法のポイント▼単数形の un Maréchal と un Rosenthal が，複数形の des Rauffenstein, des Boëldieu に対比され，複数形には連綿と続く貴族の家系という合意がある． ▼ Je crains que「〜を心配する」の後ろにくる動詞は，接続法 puissions になる．
▼ quelle qu'elle soit の elle は la fin を指し,「(戦争の) 終結がどのようであれ」の意味． ▼ c'est dommage「残念だ」は期待が裏切られた時の決まり文句.

収容所の所長ラウフェンシュタインは，捕虜のボワルデューに親近感を抱いている．彼らは貴族の出身でありながら，時代の流れに翻弄され，共に存在感を失いつつあるからだ．ボワルデューは貴族出身ではないマレシャルたちの脱獄を助けるため，故意にラウフェンシュタインの凶弾を受けて亡くなる．

この後，収容所からなんとか逃げ出し，スイス国境へと向かうマレシャルとローゼンタールが語るセリフには，ルノワール監督がこの作品に込めた戦争への憎悪と平和への希望が垣間見える．

> **Rosenthal：** (...) Une frontière, ça se voit pas! C'est une invention des hommes! La nature s'en fout!
>
> **Maréchal：** Ouais... En tout cas, moi j'aimerais bien que tout ça soit fini! Et j'irais rechercher Elsa! (...) Il faut bien qu'on la finisse, cette putain de guerre, non? En espérant que c'est la dernière!
>
> **Rosenthal：** Pff! Tu te fais des illusions! Allez, revenons à la réalité!

> ローゼンタール：（…）国境なんて，目には見えない！人間がつくったもんだ！自然はそんなことどうでもいいんだ！
>
> マレシャル　　：そうだ…とにかく戦争など終わってほしい．そしたらエルザに会いに行く．（…）このバカげた戦争を終わらせないと，だろ？これが最後になって欲しいな！
>
> ローゼンタール：ふん！そりゃ幻影だ！まあそれより現実のほうだ！

　評論家アンドレ・バザンが述べているように，国境があるから国があり，人種や階級があるから差別がある．そして人間を分け隔てることが憎悪を生み，戦争を引き起こす．これらこそ「La Grande Illusion 大いなる幻影」なのだ．雪が積もり背丈より高い杉林の中で交わされた二人の会話は，このあと別れの言葉で締めくくられた．

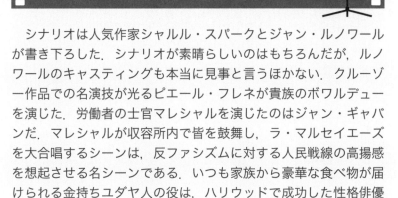

『大いなる幻影』について

　シナリオは人気作家シャルル・スパークとジャン・ルノワールが書き下ろした．シナリオが素晴らしいのはもちろんだが，ルノワールのキャスティングも本当に見事と言うほかない．クルーゾー作品での名演技が光るピエール・フレネが貴族のボワルデューを演じた．労働者の士官マレシャルを演じたのはジャン・ギャバンだ．マレシャルが収容所内で皆を鼓舞し，ラ・マルセイエーズを大合唱するシーンは，反ファシズムに対する人民戦線の高揚感を想起させる名シーンである．いつも家族から豪華な食べ物が届けられる金持ちユダヤ人の役は，ハリウッドで成功した性格俳優マルセル・ダリオが演じた．さらにドイツの名女優ディタ・パルロが逃亡してきた士官たちをかくまうエルザ役を演じている．そして忘れてはならない俳優がもう一人．

　キャスティングが最終段階に入った頃，プロデューサーのパンコヴィッチらがエリッヒ・フォン・シュトロンハイムとの契約に成功する．これによってシナリオは練り直しが必要となった．サイレント映画の三大巨匠の一人であるフォン・シュトロンハイムは，ルノワールも敬愛する監督・俳優であった．二人は役作りについて議論し合い，その結果，フォン・シュトロンハイムの演じるラウフェンシュタイン所長には貴族としての威厳と独特の気高さが生み出されることになった．『大いなる幻影』の大黒柱が完成した．

　ルノワールはリアリズムを追求する監督として知られる．ラウフェンシュタインの姿は没落していく貴族の現実を映す鏡である．その彼がドイツ兵とはドイツ語で話し，捕虜たちには流暢なフランス語で語りかけ，そして同じ貴族であるボワルデューとは英語も混ぜて話す．言語が監督のリアリズムを映し出している．

　この反戦映画の名作はナチスから上映を禁止され，プリントは没収された．しかし戦後になってミュンヘンで発見されたネガフィルムをもとに，1958年に映画は復元されたのだった．

6 望郷
Pépé le Moko

ジュリアン・デュヴィヴィエ監督

▶**製作責任者**◎アンドレ・ギャルグール
▶**原作**◎アンリ・ラ・バルト
▶**脚本**◎アンリ・ラ・バルト，ジュリアン・デュヴィヴィエ，ジャック・コンスタン，アンリ・ジャンソン
▶**撮影**◎ジュール・クリュジェ，マルク・フォサール
▶**出演**◎ジャン・ギャバン，リュカ・グリドゥ，ミレーユ・バラン，リノ・ノロ他
▶**製作年等**◎1937年，フランス，94分

ストーリー　　アルジェの丘陵に迷路のように広がるカスバ．この町で暗躍する凶悪犯ペペ・ル・モコ（ギャバン）が物語の主人公だ．スリマン刑事（グリドゥ）は何度もガサ入れを行うが，カスバの中にいる限り彼を逮捕できないでいた．ある時パリからやって来た旅行者ギャビー（バラン）とペペが出会い，たちまち恋に落ちる．住んでいたパリの思い出がギャビーを通して浮かび上がる．ペペの心は現地女性のイネス（ノロ）からだんだん離れていく．ギャビーがパリに帰ろうとする前日，スリマンはギャビーにペペが射殺されたと嘘をつく．こうして警察が待ち構えている中，パリに帰るギャビーに会うために，ペペはとうとうカスバから外に出る．出航を待つ船の中でペペはスリマンに逮捕される．「ちょっとギャビーを見送らせてくれ」と頼むペペ．この後にあの有名なラストシーンが待ち受けている！

写真協力：（財）川喜多記念映画文化財団

28

Pépé le Moko :

Oh, tu me plais, tu sais! Tu es belle! Et puis avec toi, c'est comme si j'étais à Paris! Avec toi, je m'évade, tu saisis? Tu me changes de paysage. Tiens, tout à l'heure, je faisais semblant de dormir, on me parlait pas, hein. Je me laissais glisser. Bah, sais-tu ce que j'entendais? Le métro. Tu te rends compte? Le métro. Tu as des bijoux que c'en est de la provocation, tu es toute en soie, tu es pleine d'or... et tu me fais penser aux métros, à des cornets de frites, et... et à des cafés crème à la terrasse!

ペペ・ル・モコ：

惚れたよおまえに！ キレイだ！ おまえといるとパリにいるみたいだ！ 現実逃避さ，わかるかい？ おまえは景色を変えてくれるんだ．ほら，さっきウトウトしてたように見えただろ，話しかけてもダメだ．夢の中に滑り込んてたのさ．何が聞こえていたと思う？ メトロだ．わかるかい？ メトロ．おまえは挑発的な宝石をして，絹を全身にまとい，金でいっぱい飾って… そうやって俺にメトロのこと，コーンに入ったフライドポテト，テラスで飲むカフェクレームを思い出させてくれるんだ！

▼

◎文法のポイント▼ comme si j'étais... は「まるで～であるかのよう」の意味．仮定のことなので動詞は半過去形．▼ je faisais semblant de dormir の faire semblant de ＋不定詞は「～するふりをする」ということ．▼ Tu te rends compte? の se rendre compte は「理解する」の意味．▼ tu me fais penser aux métros の faire ＋不定詞は使役「～させる」を表し，penser à ＋名詞は，「～のことを考える」という熟語．

冒頭，ギャバンのクレジットが見える．背景にはモスクでの祈りを誘うエザンの声がこだましている．メインタイトルとともに音楽は軽快なダンス曲に切り替わり，製作責任者アンドレ・ギャルグールの名前が出ると，今度はアラブ世界を想起させる曲になる．異国情緒が観客を物語世界に誘う．実写とセット映像を使って，現実と虚構をない交ぜにし，どこにもないカスバを映画空間に創出させた．

　ペペはカスバを本拠地とするヤクザだ．だが昔暮らしたパリのことが忘れられない．ペペの夢想は一人の女性によって，瞬く間にパリへの「望郷」の念へと変わっていく．ガサ入れの時に怪我をしたペペが，手当のためにやって来た場所でギャビーと出会う．見つめ合う二人．別の日にスリマン刑事がカスバを案内し，ギャビーを再びペペに会わせる．その時の二人の会話はこんなだ．

> **Pépé：Il vous plaît, mon bled ?**　ペペ：俺の町は気に入ったかい？
>
> **Gaby：Oh, moi, vous savez, je n'aime pas la province. Dès que j'ai franchi la porte d'Italie je ne me sens pas à mon aise. Si je n'ai pas Paris à portée de ma main en ouvrant l'œil, j'ai envie de me rendormir. Vous connaissez Paris ?**
>
> ギャビー：私はね，田舎は嫌いよ．ポルト・ディタリ界隈から出ると，もう居心地が悪いの．目を開けて手の届く所にパリがないと，また眠っていたいくらいよ．パリはご存知なの？

　ペペは以前パリにいたと答える．二人はパリの地名を次々に言い合って笑う．ギャビーの容姿と話し方を通してパリの記憶が一気に甦った．
　ある日，仲間のピエロが殺され荒れるペペ．ついにカスバを下りて町に出て行く決心をする．そんな時にギャビーが会いに来る．帰っていくギャビーを抱いて…

> **Pépé：Ah, ce que tu sens bon !**　ペペ：ああ，いい匂いだ！
>
> **Gaby: Le métro ?**　ギャビー：メトロの？
>
> **Pépé : En première !**　ペペ：一等車だ！

シナリオ作家アンリ・ジャンソンがひねり出した名セリフだ．

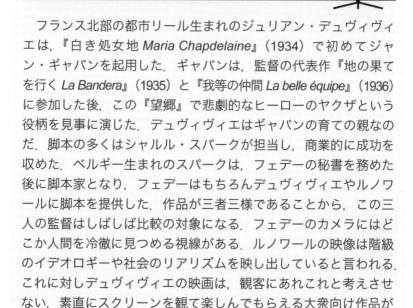

『望郷』について

　　フランス北部の都市リール生まれのジュリアン・デュヴィヴィエは，『白き処女地 *Maria Chapdelaine*』（1934）で初めてジャン・ギャバンを起用した．ギャバンは，監督の代表作『地の果てを行く *La Bandera*』（1935）と『我等の仲間 *La belle équipe*』（1936）に参加した後，この『望郷』で悲劇的なヒーローのヤクザという役柄を見事に演じた．デュヴィヴィエはギャバンの育ての親なのだ．脚本の多くはシャルル・スパークが担当し，商業的に成功を収めた．ベルギー生まれのスパークは，フェデーの秘書を務めた後に脚本家となり，フェデーはもちろんデュヴィヴィエやルノワールに脚本を提供した．作品が三者三様であることから，この三人の監督はしばしば比較の対象になる．フェデーのカメラにはどこか人間を冷徹に見つめる視線がある．ルノワールの映像は階級のイデオロギーや社会のリアリズムを映し出していると言われる．これに対しデュヴィヴィエの映画は，観客にあれこれと考えさせない，素直にスクリーンを観て楽しんでもらえる大衆向け作品が多い．日本ではデュヴィヴィエの映画はとても人気があった．

　　主演女優ミレーユ・バランはモンテカルロで生まれた．この映画ではパリへの望郷の念を掻き立て，ペペの歯車を狂わせてしまう「運命の女 la femme fatale」ギャビーを演じた．『望郷』でバランは一躍注目され，アメリカの映画会社と契約し，1930年代の最も輝ける女優とみなされた．実人生においても，彼女は運命の女となってしまう．『望郷』が公開された翌年の1938年，バランはドイツ国防軍の将校に出会い婚約する．戦後になり，対独協力者として刑務所に収監された．保釈後は知人たちからも関係を絶たれ，失意のうちに1947年に銀幕から姿を消すことになった．一方で『望郷』は，世界中で人気が沸騰し，アメリカでは2本のリメイク映画『アルジェ *Algiers*』（1939）と『カスバ *Casbah*』（1949）が製作された．

7 北ホテル
Hôtel du Nord

マルセル・カルネ監督

▶**製作**◎ジョゼフ・ルカシェヴィッチ
▶**原作**◎ウジェーヌ・ダビ
▶**脚本**◎アンリ・ジャンソン, ジャン・オランシュ
▶**美術**◎アレクサンドル・トローネ
▶**音楽**◎モリス・ジョベール
▶**出演**◎アナベラ, ジャン=ピエール・オーモン, ルイ・ジューヴェ, アルレッティ, ジャヌ・マルカン, アンリ・ボスク他
▶**製作年等**◎1938 年, フランス, 95 分

ストーリー

　パリ北東部のサン・マルタン運河沿いにある北ホテルで, 一家は娘の聖体拝領を祝っている. そこへピエール（オーモン）とルネ（アナベラ）がやって来る. 二人は心中するつもりだった. 銃声を聞きつけたエドモン（ジューヴェ）が部屋に入るとピエールは窓から逃げ, ルネは一命をとりとめ, 医者からピエールが自首したことを聞く. 元気になったルネはホテルへお礼に行き, 女主人の勧めでホテルで働くことになる. 彼女が刑務所へ面会に行くとピエールは冷たく接する. ルネはエドモンに惹かれていき, エドモンも愛人のレイモンド（アルレッティ）から離れていく. 彼はギャング仲間のナザレッドに追われる身であった. 意を決して二人はマルセイユ港から海外行きの船に乗る. しかしルネはピエールが忘れられずパリに戻る. 巴里祭の日にエドモンがホテルに来る. ルネはエドモンにピエールと結婚したことを告げる. そして…

写真協力：(財)川喜多記念映画文化財団

Edmond : Alors ce sera partout pareil. J'ai besoin de changer d'atmosphère, et mon atmosphère, c'est toi!

Raymonde : C'est la première fois qu'on me traite d'atmosphère! Si je suis une atmosphère, tu es un drôle de bled! Oh la la ! (...) Atmosphère, atmosphère... Est-ce que j'ai une gueule d'atmosphère?! Puisque c'est ça, vas-y tout seul à La Varenne! Bonne pêche et bonne atmosphère!

エドモン : それじゃどこでも同じだ. 俺は気分を変えたいんだ. 気分っていうのは, お前のことさ!

レイモンド:気分だなんて扱われたの初めてよ! あたしが気分なら, あんたはくそ田舎だわ! 何よ!(…) 気分, 気分って…気分って顔してるわけ? だったら一人でヴァレンヌに釣りに行きゃいいじゃない! 大漁て, いい気分だことね!

▼

◎文法のポイント▼ avoir besoin de ＋不定詞は「～する必要がある」という慣用句. ▼ atmosphère は『北ホテル』のキーワードだ. この「気分・雰囲気」という単語は, 詩的リアリズムの実現になくてはならない概念であり, カルネ監督が大切にしていた言葉だった. アルレッティが発音する atmosphère という単語のイントネーションにも注目だ. ▼ un drôle de ～は「変な～」の意味. ▼ une gueule は「顔, ツラ」を意味する俗語.

セリフの背景

　ある日のこと，左目の腫れあがったレイモンドの顔がスクリーンに登場する．エドモンがルネのことを好きになったと焼きもちを焼いた結果だ．エドモンは釣りに出かけると言う．以前は旅行に行こうと言っていたのだ．険悪な「雰囲気」の二人が，橋下の通路で交わす会話がセリフの場面．これで二人の仲たがいは決定的となる．レイモンドは，あんたのせいで旅行がおじゃんになったとルネに当たり散らす．

　ある夜，ルネが友達と別れて橋のたもとのベンチに座る．すると反対側にエドモンがいた．エドモンは偽名なんだ，そう言って身の上話を始める．ルネの方もピエールのことを忘れようともがき苦しんでいることを打ち明ける．こうして二人は急接近する．そしてルネが運命の言葉を口にする．「あなたが私の背中を押して！　一緒に逃げましょう！　どこか遠くへ！」．ジョジアヌ号でポート・サイドに向かう二人．ところが怖くなって下船するルネ．しばらくして二人は巴里祭で賑わう橋のたもとで再会した．

> Edmond : Il a de la chance! Renée, je te remercie de m'avoir donné comme ça, en passant, trois jours de ta vie.
>
> Renée　: Il y a une chose en tout cas qu'il faut croire. C'est que je ne t'ai pas menti quand je t'ai demandé de m'emmener. J'avais vraiment l'intention d'aller jusqu'au bout du voyage.
>
> Edmond : J'en suis sûr. Ça n'a pas été bien loin tous les deux, mais tu m'as quand même fait voir du pays. Il y a pas de mal !

> エドモン：ピエールは幸せ者だ！　ルネ，三日間を俺にくれてありがとう．
>
> ルネ　　：信じて欲しいことがあるの．連れてってとお願いした時は本気だったのよ．旅路の果てまで行きたいとほんとに思ってたの．
>
> エドモン：信じるよ．二人とも遠くへは行けなかったが，お前は俺に別の世界を見せてくれた．よかったよ！

『北ホテル』について

　映画の舞台裏は戦争一色だった．1937年にパリ万国博覧会のあ
だ花が開花する．会場ではナチスの無差別爆撃を批判したピカソ
の『ゲルニカ』が展示され，その一方，レニ・リーフェンシュタ
ールが撮影したナチ党全国大会のドキュメンタリー『意志の勝利
Triumph des Willens』が上映され，なんとグランプリを獲得した．
もはやいつナチスがフランスに攻めて来るかわからない．『北ホテ
ル』はできるだけ速やかに撮影されなければならない．ところが
1938年3月にナチスはオーストリアを併合，続いてチェコのズデ
ーテン地方の割譲を要求した．映画は9月から11月にかけて撮影
され，スタッフにも招集令状が届いたという．『北ホテル』は製作
に関わったスタッフたちの執念を感じさせる作品なのだ！

　北ホテルはサン・マルタン運河沿いにあった．当初からカルネ
監督はロケーション撮影は不可能と考えていた．脚本家アンリ・
ジャンソンの回想によると，美術監督トローネの提案したスタジ
オセットに，プロデューサーのルカシェヴィッチが難色を示した
のだが，スクリーンいっぱいにセットを撮影するという条件で最
終的には折れたようだ．こうしてビヤンクールのスタジオに本物
そっくりの運河と橋が組まれた．冒頭で主人公たちが登場し，エ
ンディングで二人が去っていくのはこの橋からだ．ジョヴェール
の軽快な音楽とともにカメラワークに注目！

　カルネは主演女優をアナベラと決めていた．問題はその主役に
からむ娼婦と情夫のギャングだ．いずれも性格俳優でなければな
らない．ジャンソンはアルレッティの才能を理解していたが，カ
ルネは品位に欠けると考えた．ルイ・ジューヴェは，舞台でこそ
有名だったが映画は未知数だった．伝家の宝刀はルカシェヴィッ
チが振るう．「アナベラはいいからジューヴェとアルレッティを何
とかしろ」．カルネは顔をしかめつつ「二人とも出すから主演男優
は俺が決める」と言ったそうだ．映画が完成してみると，人気を
さらったのはほかならぬジューヴェとアルレッティの二人だった．

8 霧の波止場
Le quai des brumes

マルセル・カルネ監督

▶**製作**◎グレゴール・ラビノヴィッチ
▶**原作**◎ピエール・マック・オルラン
▶**脚本**◎ジャック・プレヴェール
▶**音楽**◎モリス・ジョヴェール
▶**美術**◎アレクサンドル・トローネ
▶**出演**◎ジャン・ギャバン，ミシェル・シモン，ミシェル・モルガン，エドゥアール・デルモン，ピエール・ブラスール他
▶**製作年等**◎1938年，フランス，91分

ストーリー

外人部隊を脱走したジャン（ギャバン）は海外へ高飛びするため港町ル・アーヴルにやって来て，場末のパナマ亭に身を隠す．恋人モーリスと会うためにネリ（モルガン）も来ていた．突然の銃声．亭主（デルモン）が応戦しヤクザは退散する．

夜が明けてジャンとネリが外出する．波止場でネリに言い寄るリュシアン（ブラスール）にジャンはビンタをお見舞いする．リュシアンはジャンに強い恨みを抱くことになる．パナマ亭に戻ると亭主がジャンにパスポートと平服を用意していた．ジャンは翌朝ベネズエラに向けて出航しようと考えている．その前に雑貨商ザベル（シモン）の店でネリのために指輪を買う．

その夜，ホテルで愛を交わすジャンとネリ．ところがモーリスの死体と外人部隊の軍服が発見された．犯人として疑われるジャン．物語はこの後ラストに向けて急展開する．

写真協力：(財)川喜多記念映画文化財団

36

Jean : Puis d'abord je sais pas pourquoi je te dis ça, parce que... ça avance à rien. Un homme et une femme, ça peut pas s'entendre. Ils parlent pas pareil. Ils ont pas le même vocabulaire.

Nelly : Ils peuvent peut-être pas s'entendre, mais... ils peuvent s'aimer.

Jean : Oh ff! Tu as déjà aimé quelqu'un, toi? ... Hein!

Nelly : Non, pas vraiment.

Jean : Ah ben alors!

ジャン：俺は一体何を言っているんだ．どうにもならないことなのに…男と女は互いに分かりあえない．言い方が同じじゃないし．言葉遣いも違う．

ネリ：たぶん分かり合えないわね，でも…愛しあうことはできるわ．

ジャン：おっと！誰かを愛したことがあるのか？ …ええ！

ネリ：ないわ，ほんとにはね．

ジャン：そらみろ！

霧の波止場

◎文法のポイント▼ça avance à rien は「（考えなどが）結論につながらない」ことを言う．▼ça「これ，それ」は通常モノを指すが，話し言葉ではヒトを表すこともある．ここでは un homme et une femme を指している．動詞の否定形は「ne 動詞 pas」が規範だが，話し言葉では普通 ne が脱落する．▼parler pareil「同じように話す」では，形容詞 pareil「同じ」が副詞のように機能する．▼hein は話し言葉に特徴的な間投詞で，話した内容を相手に確認する時などに使う．

37

映画の冒頭，軍隊を脱走したジャンはトラックに乗せてもらい，海外へ逃れるため港町ル・アーヴルに向かう．運転手が「深い霧だな」と言うと，ジャンは「ベトナムのはもっと濃いぞ」と答える．当時の仏領インドシナでは植民地政府に対する蜂起が起きていた．ル・アーヴルに到着し，場末のパナマ亭に身を寄せる．ジャンはそこでネリと会う．ジャンは軍服を着たまま帽子をちょっと斜めにかぶり，テーブルの上のパンをナイフで切り，パンを頬張りながらネリに男と女の愛について持論を展開する．その時のセリフだ．結局は，まだほんとの愛を経験していないというネリの言葉にジャンは納得する．

　ジャンは脱走犯の身，ル・アーヴルに長居は許されない．高飛びするためパナマ亭の主人から仕立てのよい服とパスポートをもらう．港で船の時間と行先を尋ねる．ジャンはネリと会って遊園地に行き，記念写真を撮ってもらう．急接近するジャンとネリは，人混みを避けて静かな場所に行き，次のようなセリフを交わす．

Jean ： C'est vrai? Tu es bien avec moi?

Nelly： Oh, vous pouvez pas savoir comme je suis bien quand je suis avec vous! Je respire ! Je suis vivante! Ça doit être comme ça, quand on est heureux.

Jean ：（ネリの眼をみつめて）Tout ce que tu dis ça tient pas en l'air. Tu dirais ça à un autre que moi, je trouverais ça idiot mais... que tu me le dises comme ça à moi, ben... c'est marrant, ça me fait plaisir... Tu as de beaux yeux, tu sais !

Nelly： Embrassez-moi !

ジャン：そう？ 俺といて楽しい？

ネリ　：あなたと一緒でどれくらい楽しいかわかって！ ほっとするの！ 生きてるのよ！ 幸せってこういうものなのね．

ジャン：お前の言うことはどれも信じられない．俺以外に言ったらバカだと思うけど，俺にそう言ってくれて…なんだか，嬉しいよ…なんてきれいな眼なんだ！

ネリ　：抱いて！

38

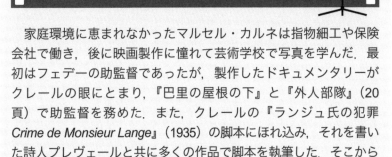

『霧の波止場』について

　家庭環境に恵まれなかったマルセル・カルネは指物細工や保険会社で働き，後に映画製作に憧れて芸術学校で写真を学んだ．最初はフェデーの助監督であったが，製作したドキュメンタリーがクレールの眼にとまり，『巴里の屋根の下』と『外人部隊』（20頁）で助監督を務めた．また，クレールの『ランジュ氏の犯罪 Crime de Monsieur Lange』（1935）の脚本にほれ込み，それを書いた詩人プレヴェールと共に多くの作品で脚本を執筆した．そこから『天井桟敷の人々 Les Enfants du Paradis』（1945）が生まれた．

　『霧の波止場』はフランス映画の詩的リアリズムを体現する作品と言われる．それを実現できたのは，トローネの幻惑的カメラワークとジョベールの重厚な音楽，そしてプレヴェールの詩的セリフのおかげだった．なかでもトローネのカメラは，ル・アーヴルへと続く街道，パナマ亭の遠景，夜の街路，遊園地の場面にいたるまで，霧にむせび，湿り気を帯びた独特の幻想的イメージを生み出した．カメラのそうした光と影のコントラストは，ジャンとネリがパナマ亭の窓から外を眺めるシーン（36頁）を見事に演出している．

　ネリ役を演じたミシェル・モルガンは多くの女優を発掘したマルク・アレグレ監督によって見出された．斜めに深くかぶったベレー帽，黒く光るコート，細く書いた眉，ブロンドの髪，濃い口紅は，「運命の女」の典型的なイメージを定着させた．

　ジャン役のギャバンは，この女性に恋をしてしまったことで，おのれを破滅に導くことになる．アンドレ・バザンは，ジャン・ギャバンのことを「戦前の悲劇的ヒーローの典型」と呼んだ．ギャバンは10代からセメント工，新聞売り，自動車販売などの現場で働きながらオペレッタ芸人になり，やがて映画にも出演する．そしてフランス映画の黄金期を代表する名優となったのだった．戦後も『現金に手を出すな Touche pas au Grisbi』（1954）（56頁）で，男の悲哀を感じさせる初老のギャングを演じている．

9 美女と野獣
La Belle et la Bête

ジャン・コクトー監督

▶**製作**◎アンドレ・ポルヴェ
▶**脚本**◎ジャン・コクトー，ジャンヌ・マリー＝ルプランス・ドゥ・ボーモン
▶**撮影**◎アンリ・アルカン
▶**装飾・衣装**◎クリスティアン・ベラール
▶**出演**◎ジャン・マレー，ジョゼット・デ，ミラ・パレリ，マルセル・アンドレ他
▶**製作年等**◎1946年，フランス，96分

ストーリー

　商人（アンドレ）は破産の危機に瀕していた．彼には3人の娘と息子がいた．ある日のこと，商品を運んで戻る途中，古い城館に迷い込んで庭のバラを一輪折ってしまう．すると醜い獣（マレー）が目の前に現れ，許してやる代わりに娘の一人を身代わりとして差し出せと言う．美しい末娘のベル（デ）はこうして囚われの身となる．彼女は野獣に対して怖さよりもむしろ優しさを感じる．そうこうするうちに，商人が病気で寝込む．ベルは一週間だけ看病をするために家に帰らせてくれと懇願する．野獣は財宝室の鍵を渡して，ベルが帰って来なければ，自分は悶え苦しんで死ぬことになると伝える．ベルは家に戻って館のことを話す．すると野獣の財宝に目がくらんだ姉たちはそれを盗もうとする…誰でも一度は聞いたことのある有名な話だが，その結末を覚えているだろうか？

写真協力：(財)川喜多記念映画文化財団

La Bête : N'ayez pas peur.
Belle   : Je... Je n'aurai pas peur.
La Bête : Belle, acceptez-vous que je vous voie
              souper?
Belle   : Vous êtes le maître.
La Bête : Non! Il n'y a ici de maître que vous.
(...)
La Bête : Mon cœur est bon. Mais... je suis un
              monstre.
Belle   : Il y a bien des hommes qui sont plus
              monstrueux que vous, et qui le cachent.

....

野獣：怖がらないでください.
ベル：いいえ，怖くなどございません.
野獣：ベル，お食事の様子を見てもよろしいか？
ベル：あなたは私のご主人様です.
野獣：いいえ，あなた以外にご主人などここにはおりま
　　　せぬ.
(…)
野獣：わが心根は善良. さりとて…姿はケダモノ.
ベル：あなたよりずっと醜く，それを隠している殿方は
　　　たくさんおられます.

美女と野獣

◎文法のポイント▼ Je n'aurai pas peur では，avoir の単純未来形
aurai を使ってベルの意志が表明されている．▼ acceptez-vous
que の後で動詞 voir「見る」は接続法 voie になる．▼ souper は昔，
「夕食をとる」を意味した．▼ le maître の「主人」という言葉は，
囚われの身のベルと野獣の立場の違いが鮮明化されている．▼
qui le cachent の le は中性代名詞と呼ばれ，前に出てきた形容詞
monstrueux「怪物のような」を含む文脈を指す.

セリフの背景　『美女と野獣』はジャン・コクトー監督の次の語りで始まる.

　　　L'enfance croit ce qu'on lui raconte et ne le met pas en doute. Elle croit qu'une rose qu'on cueille peut attirer des drames dans une famille. (…) Elle croit mille autres choses bien naïves.

　　C'est un peu de cette naïveté que je vous demande et, pour nous porter chance à tous, laissez moi vous dire quatre mots magiques, (…)

　子供の頃は人の話を信じて疑わない. 一輪のバラを摘んだために, ある家族が悲劇に巻き込まれるという話を信じる. (…) もろもろのことを無邪気に信じるのだ.

　だから皆さんにも少しだけ無邪気になるようお願いしたい, そして皆に幸運がやって来るように, 魔法の言葉を私が唱えましょう (…)

　ベルは野獣の館で囚われの身になっている. 悲劇的だが, ベル自身は野獣の優しさを感じとる. 上のセリフの後で, 野獣がついに本心を吐露する瞬間がある.

　　La Bête : Outre que je suis laid, je n'ai point d'esprit.

　　Belle　　: Vous avez l'esprit... de vous en rendre compte.

　　La Bête : (...) Tout ce qui se trouve dans ce château vous appartient. Exprimez au moins vos caprices. J'apparaîtrai chaque soir à sept heures. Avant de disparaître, je devrai vous poser une question. Toujours la même.

　　Belle　　: Quelle est cette question ?

　　La Bête : Belle, voulez-vous être ma femme ?

　野獣：わたくしは醜い上に, 心もありませぬ.

　ベル：醜いことは知っておいでですね.

　野獣：(…) この城の全てはあなたのもの. 何でも言ってください. 毎晩7時に参上いたします. そして姿を消す前に同じ質問をいたします. いつも同じです.

　ベル：どのようなご質問です?

　野獣：ベル, わたくしの妻になってくださいませんか?

42

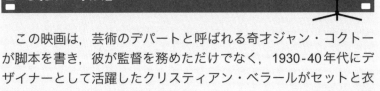

『美女と野獣』について

　この映画は，芸術のデパートと呼ばれる奇才ジャン・コクトーが脚本を書き，彼が監督を務めただけでなく，1930-40年代にデザイナーとして活躍したクリスティアン・ベラールがセットと衣装を担当し，さらに撮影監督のアンリ・アルカンが超現実的な映像世界を実現した.

　この映画は，戦後初めて日本で上映されたフランス映画だった.それは夥(おびただ)しい命が失われ，一面焼け野が原となってから数年後のことだった. 当時の日本人の眼に，この作品はどのように映ったのだろうか. この作品にはルネ・クレマンが技術アドバイザーとして参加している. クレマンと言えば，同じ時期にドキュメンタリー風のレジスタンス映画『鉄路の闘い La Bataille du rail』（1945）やナチスの暴力と非人道主義を告発した『海の牙 Les Maudits』（1946）を撮っている. そう考えると，おとぎ話仕立てのこの映画には，別の意味合いがあるのではと考えてしまう. 破産する商人，迷い込んだ森，バラの園，古い館とそこに君臨する野獣，囚われのベル，これらの象徴的アイテムは何を表象していたのか.冒頭で観客に求められる「もろもろのことを無邪気に信じるのだ」も意味深長と言える.

　館でのシーンは，観客が一瞬たりともスクリーンから目を離すことができないくらい印象的で，表現主義とシュールレアリズムが見事なまでに組み合わさったシークエンスが続く. 心に残るシーンをピックアップしておこう. ①嵐の吹きすさぶ森と門前に長く延びた影. ②燭台を持つ壁の手が次々と行く手を照らし，鼻から煙を出して胸像の顔が動く. ③バラ園で不意に現れた野獣の顔つきは，歌舞伎『鏡獅子』の隈取りからヒントを得たそうだ. だが額に筋隈が複数入っていて，むしろ悪の化身，土蜘(つちぐも)の隈取りに近い. ④ベルが燭台の手の間をスローモーションで駆け抜けて行く. ⑤野獣が見つめる手から煙が湧き出る. 撮影技術の粋を凝らしたシーンを楽しみたい！

⑩ 肉体の悪魔
Le Diable au corps

クロード・オータン=ララ監督

▶ **製作**◎ポール・グレッツ
▶ **原作**◎レイモン・ラディゲ
▶ **脚本**◎ジャン・オランシュ, ピエール・ボスト
▶ **音楽**◎レネ・クロエレック
▶ **出演**◎ミシュリーヌ・プレール, ジェラール・フィリップ, ドゥニーズ・グレ, ジャン・ララ (ジャン・ヴァラス) 他
▶ **製作年等**◎1947年, フランス, 110分

ストーリー

　　　舞台は第一次大戦下のマルヌ河沿いの町. フランソワ (フィリップ) が通う高校は, 負傷兵たちを収容する臨時の病院になっていた. マルト (プレール) は, そこの見習い看護婦の一人だった. フランソワとマルトは出会ってすぐに恋愛関係になる. 映画の原題にあるavoir le diable au corpsは,「激しい愛情に囚われる」という意味だ. だがマルトには婚約者ラコンブ軍曹 (ララ) がいる. マルトの母は二人のことを知り, なんとかして引き離そうとする. 父親の勧めもあり, フランソワはパリを離れる. 失意のマルトはその間に結婚したが, 夫はすぐに前線に向かう. フランソワとマルトは半年後に再会し, やがてマルトは妊娠する. 道ならぬ関係にマルトは思い悩み, ついにフランソワと別れて, 夫に打ち明ける決心をする. そしてラコンブが復員する. さてマルトは…

写真協力:(財)川喜多記念映画文化財団

Marthe : (...) Ce n'est pas la fin de la guerre qui me fait peur!

François : Comme tu es calme!

Marthe : Mh mh ! Parce que je sais ce qu'il va nous arriver.

François : Dis-le-moi!

Marthe : Tu me quitteras, François.

François : (rires) Tu es folle ! Pourquoi veux-tu que je te quitte?

Marthe : Je ne le veux pas! Mais tu me quitteras parce que je suis trop vieille pour toi!

肉体の悪魔

....

マルト　　　:(…) 終戦になるのが怖いんじゃないの!

フランソワ:冷静だね!

マルト　　　:そうよ! だってどうなるのかわかってるもの.

フランソワ:じゃあ言いなよ!

マルト　　　:あなたは私を捨てることになるのよ, フランソワ.

フランソワ:(笑い) バカな! どうして別れて欲しいんだい?

マルト　　　:それは嫌! でも年が上だから別れることになるわよ!

◎文法のポイント▼原作シナリオを重視した結果だろうか, 話し言葉なのに Ce n'est pas では ne の脱落が起きていない.
▼ Comme tu es calme ! の Comme は感嘆を表す. ▼ quitteras は quitter「別れる」の単純未来二人称単数形で, ここでは予言的なニュアンス「きっと別れることになる」という含意がある.
▼ veux-tu que「君は〜したい」は願望を表す. そのため que の後で, 動詞は接続法 quitte になる. ▼ Je ne le veux pas! は直訳すると, 「私はそれ (別れること) は望んでいない」の意味.

フランソワが通う高校は臨時病院になっていた．フランソワとマルトは知り合い，言葉を交わすようになる．ある日，病院で働くよう母親に言われたマルトを見かけ，フランソワが駆け寄って，歩きながら話をする．二人の横をこれから入隊する一行が通り過ぎた．するとフランソワは，彼らが志願兵らしくないように，あなたも看護婦には向いていませんと言う．そんな言い方をしたら失礼よ，とマルトがたしなめる．フランソワがその理由を聞くと，マルトはこう答えた．

> **Marthe** : Tout le monde est dans la guerre !
>
> **François** : Pas nous ! Écoutez, comment vous appelez-vous ? Moi, François.
>
> **Marthe** : Marthe.
>
> **François** : Écoutez, Marthe, on va faire un pacte. On parlera jamais de la guerre !

> マルト　　：みんな戦時中なんですから．
>
> フランソワ：僕らは違いますよ．ところでお名前は？ 僕はフランソワです．
>
> マルト　　：マルトです．
>
> フランソワ：マルトさん，約束しましょう．戦争の話はしないと！

　フランソワは，戦時下でも自分たちは戦争と関係はない．だから戦争の話は止めにして，愛の話をしましょうと言う．二人の恋愛はこうして始まった．レストランでワインがコルク臭いと苦情を言って，新しいワインに替えさせる．子供っぽいイタズラが成功して，二人とも大笑いする．しばらくは幸せな日々が続く．しかしマルトにとって年齢の差は大きな心理的負担になっていく．ラコンブ軍曹と結婚するにいたって不安は決定的となる．戦争が終わり，夫が復員することで二人の関係がバレるという心配もあるが，それ以上に死ぬまで変わることのない年齢の違いが，もはや障害などではなく，乗り越えられぬ心の抑圧となった．そして「年が上だから別れることになるわよ！」というマルトのセリフにつながるのだった．

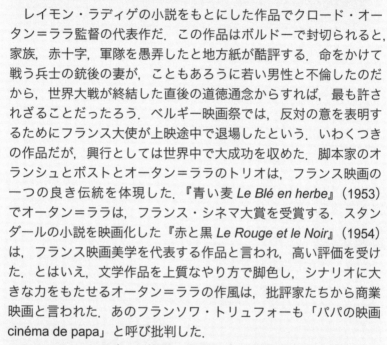

『肉体の悪魔』について

　レイモン・ラディゲの小説をもとにした作品でクロード・オータン＝ララ監督の代表作だ．この作品はボルドーで封切られると，家族，赤十字，軍隊を愚弄したと地方紙が酷評する．命をかけて戦う兵士の銃後の妻が，こともあろうに若い男性と不倫したのだから，世界大戦が終結した直後の道徳通念からすれば，最も許されざることだったろう．ベルギー映画祭では，反対の意を表明するためにフランス大使が上映途中で退場したという．いわくつきの作品だが，興行としては世界中で大成功を収めた．脚本家のオランシュとボストとオータン＝ララのトリオは，フランス映画の一つの良き伝統を体現した．『青い麦 *Le Blé en herbe*』（1953）でオータン＝ララは，フランス・シネマ大賞を受賞する．スタンダールの小説を映画化した『赤と黒 *Le Rouge et le Noir*』（1954）は，フランス映画美学を代表する作品と言われ，高い評価を受けた．とはいえ，文学作品を上質なやり方で脚色し，シナリオに大きな力をもたせるオータン＝ララの作風は，批評家たちから商業映画と言われた．あのフランソワ・トリュフォーも「パパの映画 cinéma de papa」と呼び批判した．

　スラッとした長身，2枚目の典型，少し鼻にかかった発音，どことなくひ弱な印象のジェラール・フィリップはこの作品で国際的人気を得た．『モンパルナスの灯 *Montparnasse 19*』（1958）では貧困と病を抱え，酒に溺れ夭折した画家モディリアーニの晩年を演じた．映画の翌年，フィリップは36歳という若さでこの世を去る．

　マルト役を演じたミシュリーヌ・プレールは，この映画で夫への誠実とフランソワへの愛情の間で苦悩する女心を見事に演じた．その圧倒的な存在感によってハリウッドからオファーが舞い込み，20世紀フォックス社と契約を結ぶ．プレールはこうして半世紀に渡り，フランスやアメリカ等の映画界で活躍した．

11 輪舞
La Ronde

マックス・オフリュス監督

▶ **製作**◎ラルフ・バウム，サッシャ・ゴルディーヌ
▶ **原作**◎アルトゥール・シュニッツラー
▶ **脚本**◎ジャック・ナタンソン，マックス・オフリュス
▶ **音楽**◎オスカー・シュトラウス
▶ **出演**◎アントン・ウォルブルック，セルジュ・レッジャーニ，シモーヌ・シニョレ，
　シモーヌ・シモン，ダニエル・ジェラン，ダニエル・ダリュー，フェルナン・
　グラヴェ，ジェラール・フィリップ，ジャン＝ルイ・バロー他
▶ **製作年等**◎1950年，フランス，93分

ストーリー

　　　　1900年のウィーンが舞台だ．タイトルの輪舞とは
何なのだろう？ 映画の中では次のような10編の短い
恋愛劇が目まぐるしく展開する．①娼婦レオカディ
（シニョレ）と兵士（レッジャーニ），②兵士と女中
（シモン），③女中と若者アルフレート（ジェラン），④若者と人妻エマ
（ダリュー），⑤人妻と夫のシャルル男爵（グラヴェ），⑥夫と小娘アン
ナ，⑦アンナと詩人キュレンカンプ
（バロー），⑧詩人と女優シャルロッ
ト，⑨シャルロットと伯爵（フィリ
ップ），⑩伯爵と娼婦．

　映画のラストで，立ち去っていく
伯爵にすれ違った兵士が敬礼する．
最初の兵士が最後の伯爵に挨拶する
ことで，愛の回転木馬は輪舞のよう
に永遠に回り続けることになる．

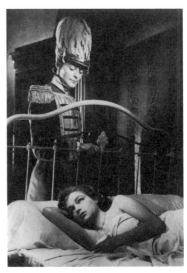

写真協力：(財)川喜多記念映画文化財団

> **Le narrateur :** Et moi, qu'est-ce que je suis dans cette histoire? La Ronde... L'auteur? Le compère? Un passant? Je suis vous. Enfin... je suis n'importe lequel d'entre vous. Je suis l'incarnation de votre désir. De votre désir de tout connaître.

> **進行役：**私はこの物語でどんな役柄なのでしょう？ 輪舞？ 作者？ 司会？ 通行人？ 私はあなた方なのです. あなた方の誰でもいい. 全てを知りたいと思う皆さんの欲望の化身なのです.

セリフの背景　　冒頭で物語の進行役を演じるウォルブルックがオーストリア訛りのフランス語でこう語り始める.

　　時は1900年. 場所はウィーン. 恋が開花する春. TPOがそろったところで, ウォルブルックは正装の紳士となり, シルクハット, ステッキ, 手袋という三種の神器を持って, 「恋の始まりに足りないのはワルツ」.「 **La valse tourne ! Le carrousel tourne ! Et la Ronde de l'amour peut tourner aussi !** ワルツは回る. 回転木馬も. 愛の輪舞も回る！」と畳みかける. そして, 回転木馬に乗った娼婦役のシモーヌ・シニョレに手を差し延べて, 恋物語の幕を切って落とす. いかにも文学的な演出である.

　　原作者アルトゥール・シュニッツラーはオーストリアの文豪だ. 『輪舞 *Reigen*』は, 肉体的な愛があらゆる社会階層の境界を乗り越えることを描いている. 小説は1897年に完成したものの, 性描写について検閲が厳しい時代であり, 当初は私家版として知り合いの間で読まれていたようだ. ドイツで出版されたのは1903年だった. ちなみに演劇『輪舞』も1924年になってようやく上演が許可された. 舞台がウィーンなのは, 母国のモラルに対する文学的挑戦だったと言えよう.

『輪舞』では，娼婦と兵士，兵士と女中，女中と若い男など10編の小話が次々に繰り広げられる．各主人公は次の話につながり，全体として円環構造を成している．そんな中で気になるのは，人妻エマを演じたダニエル・ダリューだろう．エマは男爵夫人で，豪奢なケープ付きドレスを着こなし，二重のヴェールを被り，馬車を3回も乗り継いで，細心の注意を払って恋人の家にやって来る．御者には5分だけ待つように言う．「もうすぐ帰らないといけないの」と告げるエマ．だがすんなりと帰れるわけがない．その時，突然に回転木馬が故障し，進行役が修理する．すぐに木馬は動き始め，エマが帰る場面に切り替わる．その時のセリフだ．

> **Emma :** Huit heures ?! Oh, c'est épouvantable ! Heureusement que le cocher m'a attendue ! (...)
>
> **Alfred :** Alors euh... demain soir, hein ! À la soirée des Lobheimer. Hein ! Hein ! Nous danserons la première valse !
>
> **Emma :** Jamais je n'oserai !
>
> **Alfred :** Alors après-demain, ici !
>
> **Emma :** Oh, tu es fou, chéri !
>
> **Alfred :** Tu... tu veux plus revenir ?
>
> **Emma :** Nous en parlerons... demain. En dansant la première valse.

> エマ　　　　：もう8時?! ひどいわ！御者が待っていてよかった！（...）
>
> アルフレート：では明日の夜！ロブハイマー宅の夜会で！最初のワルツを踊りましょう！
>
> エマ　　　　：それはもうなしよ！
>
> アルフレート：では明後日，ここで！
>
> エマ　　　　：あなた変よ！
>
> アルフレート：もう来ないおつもりですか？
>
> エマ　　　　：それは明日話しましょう…最初のワルツを踊りながらね．

エマは男心を掴む術を心得ている．

『輪舞』について

　監督はドイツ生まれのユダヤ人である．オフリュスは舞台俳優としての芸名で本名はマクシミリアン・オッペンハイマーと言う．1933年，ナチス政権の台頭を恐れた彼はフランスに亡命し，41年にはアメリカに移住した．戦後帰国して撮った最初の作品がこの『輪舞』である．『歴史は女で作られる *Lola Montès*』(1955)は彼の代表作だ．監督は1957年ハンブルクで，歌劇『フィガロの結婚』の演出をした後，心臓発作に襲われ54歳で急逝した．

　監督の分身と思われる進行役が，「愛にはワルツが欠かせない」と言いながら観客を物語世界へと誘う冒頭シーンは，シュニッツラーの原作にはなく，脚本を書いたナタンソンの創作らしい．この演出によって『輪舞』に一層の様式美が付け加わっている．

　ワルツが映画の中で利用されると言えば，アメリカ映画のスタンリー・キューブリック監督が有名だ．オフリュス映画に心酔した彼は，『2001年宇宙の旅 *A Space Odyssey*』(1968)の中で，宇宙ステーションの背景にシュトラウスの『青き美しきドナウ』を流し，遺作の『アイズ・ワイド・シャット *Eyes Wide Shut*』(1999)では，原作がシュニッツラー自身であり，ショスタコービッチの『ワルツ第2番』がエンドクレジットで使われている．

　『輪舞』での名演技が光ったダニエル・ダリューは，1917年ボルドー生まれで，14歳の時に銀幕デビューした．戦時中の7年のブランクを経て，映画に戻ってきたのがこの作品だった．彼女はオフリュスやオータン＝ララの映画に数多く出演している．その後も人気と名声は衰えることがなく，ヌーヴェル・ヴァーグのシャブロルやドゥミも出演オファーした．若い監督たちにも誘われ，この本で取り上げた『8人の女たち *8 Femmes*』(2002)(136頁)，『ゼロ時間の謎 *L'Heure Zéro*』(2007)(152頁)に出演している．シネマテック・フランセーズは彼女の功績を讃え，2009年に作品の上映を行った．

恐怖の報酬
Le Salaire de la peur

アンリ＝ジョルジュ・クルーゾー監督

▶**製作**◎レモン・ボルドゥリ，アンリ＝ジョルジュ・クルーゾー
▶**原作**◎ジョルジュ・アルノー
▶**脚本**◎アンリ＝ジョルジュ・クルーゾー，ジェローム・ジェロニミ
▶**音楽**◎ジョルジュ・オリック
▶**出演**◎イヴ・モンタン，シャルル・ヴァネル，ヴェラ・クルーゾー，ペーター・ヴァン＝アイク他
▶**製作年等**◎1953年，フランス，131分

 ストーリー

中南米の町ラス・ピエドラスでのこと．コルシカ生まれのマリオ（モンタン）は，酒場の娘リンダ（クルーゾー）に惚れている．ある日，油田火災が起きた．アメリカ資本の石油会社は，ニトログリセリンを使って消火する計画を立てる．極めて危険な作業のため，高額の報酬を条件にトラック運転手を募集した．マリオとフランス人ジョー（ヴァネル），イタリア人ルイジとドイツ人ビンバ（ヴァン＝アイク）の4人が名乗りを上げる．マリオとジョーのペアが先発隊になるが，途中で後発隊のルイジとビンバに追い抜かれる．ところがマリオとジョーは大きな爆発音を聞く．

その後もどうにか石油の池を渡ったのだが，ジョーが大怪我をする．油田は無事に鎮火された．報酬を受け取ったマリオは，喜び勇んでリンダの元へ向かう．

写真協力：(財)川喜多記念映画文化財団

Mario : (...) Et le visa? Là-bas, faut un visa!
Jo   : Bah, ça se trouve, un visa!
Mario : Ouais, mais un vrai!
Jo   : Bah un vrai aussi.
Mario : Ouais quand t'as les sous. Et les sous,
        faut les gagner. Et pour les gagner, faut
        du travail. Et du travail, il y en a pas!
        Tiens ! Ils ont commencé ce building il y
        a deux ans. Bah ils ont tout laissé
        tomber.
Jo   : Avec ce soleil, ça se comprend...

恐怖の報酬

マリオ：(…)それでビザは？　あちらじゃ，必要だぞ！
ジョー：ビザなら見つかるさ！
マリオ：そうか，本物のだぞ！
ジョー：本物もだ．
マリオ：金があればなあ．　金を稼がなきゃいけない
　　　　が．　稼ぐには仕事が要る．　なのに仕事がな
　　　　い！　見てみろ！　あのビル工事は2年前に始
　　　　まったのに．　中止になった．
ジョー：この暑さじゃ仕方ないだろ…

セリフの背景

　　　スクリーンは軽快なラテンギターの曲と共に始まる．
舞台はウルグアイの町．だが実際には南仏のカマルグ
地方で撮影された．言われてみると山間部を縫うよう
に続く道路は，プロヴァンス地方を思い起こさせる．
　仕事にあぶれた者たちが集まる盛り場には，カリブの海賊の原型と
なった小説『黒海賊 *El Corsario Negro*』の看板が掛かっている．丘に
上がった賊たちのたまり場は，フランス語，スペイン語，イタリア語，
英語，ドイツ語などが縦横無尽に飛び交う架空の多言語空間で，自由

で活気に満ち，粗暴だが新鮮な雰囲気を醸し出す．皆お金さえあれば
こんなところから出て行きたい．だが先立つものがない．

　黒海賊に集まった者たちは，始めは一攫千金や冒険を夢見たのだろ
うが，たちまち現実主義者となり，日常に絶望して自死するか，その
日暮らしの職を見つけるか，命を賭してニトログリセリンを運ぶ仕事
を引き受けるほかに選択肢はなかった．

　マリオとジョーは困難を克服しながらニトロ運搬を続ける．だが
ジョーは石油の池で足に深手を負う．目的地に急ぐトラックの中で，
足が壊死し始め，爪が紫色になる．「C'est la fin, ça. 最期だな」と弱気
になるジョーに「パリはどこにいたんだい？」とマリオが尋ねる．ギ
ャランド通り Rue Galande という地名が飛び出す．マリオも詳しい界
隈だ．こうして命をつなぎ留めるためのセリフが続く．

　　　Mario : Tu te souviens ? Au coin, il y a un tabac.

　　　Jo　　: Il y est toujours ?

　　　Mario : Oh bah, tu parles ! Après il y a un marchand de couleurs.

　　　Jo　　: Dans le temps c'était une palissade, ça. Ça a dû se construire.

　　　Mario : Ah bah non t'as raison, c'est… c'est la palissade d'abord.

　　　Jo　　: La palissade… j'ai jamais su ce qu'il y avait derrière.

　　　Mario : Bah il y a rien. C'est un terrain vague. … Après la palissade,

　　　Jo　　: … l'hôtel.

　　　マリオ：覚えてるか？ 角のタバコ屋．

　　　ジョー：今もかい？

　　　マリオ：まさか．それで雑貨屋も．

　　　ジョー：昔は塀があったな．建設途中だった．

　　　マリオ：確かにそうだ．最初は塀だったな．

　　　ジョー：塀の向こうは何だったのかね．

　　　マリオ：何も．空き地さ．で塀の後は，

　　　ジョー：…ホテルだ．

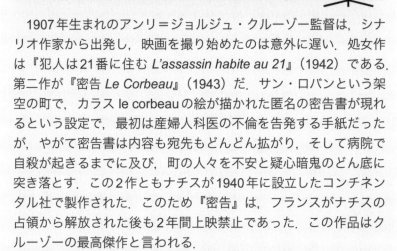

　1907年生まれのアンリ＝ジョルジュ・クルーゾー監督は，シナリオ作家から出発し，映画を撮り始めたのは意外に遅い．処女作は『犯人は21番に住む *L'assassin habite au 21*』（1942）である．第二作が『密告 *Le Corbeau*』（1943）だ．サン・ロバンという架空の町で，カラス le corbeau の絵が描かれた匿名の密告書が現れるという設定で，最初は産婦人科医の不倫を告発する手紙だったが，やがて密告書は内容も宛先もどんどん拡がり，そして病院で自殺が起きるまでに及び，町の人々を不安と疑心暗鬼のどん底に突き落とす．この2作ともナチスが1940年に設立したコンチネンタル社で製作された．このため『密告』は，フランスがナチスの占領から解放された後も2年間上映禁止であった．この作品はクルーゾーの最高傑作と言われる．

　彼のサスペンスは，いわゆる謎解きのスリルではなく，不安と焦燥にかられる心理サスペンスだ．そのためかクルーゾーはフランスのヒッチコックと呼ばれる．戦後に撮った『犯罪河岸 *Quais des Orfèvres*』（1947）は，原作がミステリー小説だが，ルイ・ジューヴェ演じる警視が，殺人事件をめぐって二人の女性と繰り広げる心理戦に重きが置かれた作品になっている．

　『恐怖の報酬』はクルーゾーのサスペンスの集大成である．悪路をニトログリセリンを積んだトラックが走るという前代未聞の任務に4名が志願した．他の者は将来を悲観して自殺したり，当日一人は姿を見せない．最初から波乱の連続なのだ．トラックが進み始める．道路工事中の大きな曲がり道や行く手をふさぐ巨大な落石がある．マリオとジョーが昔の想い出に浸って紙巻きタバコを巻こうとした瞬間に，先行するトラックで大きな爆発が起きる．圧巻は油がたまった窪地をトラックで通過するシーンだ．冷徹なリアリズムを貫くクルーゾーの映像世界を直視するには，まず呼吸を整えておく必要があろう．

現金に手を出すな
Touchez pas au Grisbi

ジャック・ベッケル監督

▶**製作**◎レオン・キャレ
▶**原作**◎アルベール・シモナン
▶**脚本**◎アルベール・シモナン，ジャック・ベッケル，モーリス・グリフ
▶**出演**◎ジャン・ギャバン，ルネ・ダリ，ドラ・ドル，ジャンヌ・モロー，リノ・ヴァンチュラ，ドゥニーズ・クレール他
▶**製作年等**◎1954 年，フランス・イタリア，96 分

ストーリー

マックス（ギャバン）とリトン（ダリ）は金の延べ棒をオルリー空港で盗む．マックスはこの仕事を最後に足を洗おうと考えていた．二人はブッシュ婦人の店で食事した後，リトンの愛人ジョジ（モロー）の働くクラブに行く．その帰り，マックスのタクシーを救急車がつけてくる．アンジェロ（ヴァンチュラ）の手下だった．二人は敵を避けるため隠れ家に行く．リトンがジョジに金塊のことを話したからこうなったのだ．次の日，部屋に戻るとリトンはアンジェロらに連れ去られていた．マックスは情をかけてリトンと組んだことを後悔する．リトンの身柄と引き換えに金塊を渡すことになり，郊外の街道で取引を行う．リトンを取り戻すがアンジェロたちが襲ってくる．撃ち合いとなり，仲間のマルコが死ぬ．怒り狂ったマックスとリトンは激しく応戦する．

写真協力：(財)川喜多記念映画文化財団

Max : Je crois tout de même qu'il est temps que je te montre quelque chose.
Riton : C'est à qui cette tire?
Max : À moi!
Riton : Bah mon vieux ! Ça va pas chercher loin du million, ça!
Max : Ah, un peu mieux que ça, mon pote! Celle-là, c'est une spéciale!
Riton : Bah combien qu'elle vaut?
Max : Eh bah, 51 briques! Tiens, viens voir! Voilà notre tirelire. J'ai filé notre grisbi dans des caisses à cartouche.

マックス：お前に見せる時が来たんだ．
リトン　：このクルマ誰のだ？
マックス：俺のだ．
リトン　：そうか！100万は下らんだろうな！
マックス：もっとするぞ．特別仕様だから！
リトン　：いくらだ？
マックス：5100万！ほら見てみろ！（トランクを開けて）俺たちの貯金箱だ．金塊は銃弾ケースに隠したんだ．

現金に手を出すな

◎文法のポイント◎映画ではギャングの隠語・俗語がたくさん出てくる．
▼ cette tire (f)は隠語で「自動車」．▼ pote(m)は話し言葉で「友達・仲間」のこと．▼ combien qu'elle vaut? くだけた話し言葉では，疑問詞の後に que がしばしば挿入される．▼ brique (m)は隠語で「100万」．▼ grisbi (m) は現金のことだが，実際に盗んだのは金塊だった．

発端は，「Les 50 millions d'or dérobés le mois dernier à Orly demeurent... introuvables 先月オルリーで盗まれた 5000万フランの金塊…行方不明」という新聞記事だった．この金塊をめぐって，盗んだマックスたちと横取りを企むアンジェロ一味の抗争が始まる．

マックスは相棒のリトンに，秘密の話があるからデトロワ通りまで来いと言う．そして前頁にある地下駐車場での会話になる．

マックスが金塊を叔父のところに運んで部屋に戻ると，リトンがアンジェロたちに拉致されていた．金塊とリトンの取引になる．アンジェロからの電話だ．

> **Angelo : D'abord, je dois te dire que j'ai rien ni contre Riton ni contre toi. Ce que je veux c'est votre grisbi. Et il me le faut d'ici une heure au plus tard. (...)**

> アンジェロ：言っておくが，お前にもリトンにも恨みはねえ．俺が欲しいのは金塊だ．1時間以内に必要だ．

こうして両者は命がけの闘いになる．最後の仕事を終え，マックスはブッシュの店で客といつもの会話を交わし，恋人ベティに先に注文するよう言って，仲間のピエロに電話をかけに行く．電話帳を開き，おもむろに老眼鏡を取り出す．もう引退の時が近づいているのだ．リトンが死んだことを知らされマックスは言葉を失う．ピエロに「**Tu viens?** 来るかい？」と言われ，「**Je viens seulement d'arriver chez Bouche. Si je partais maintenant, ça ferait bizarre.** 俺はブッシュのところに着いたばかりだ．今出たら変に思われる．」と答える．

電話を終えて客のところに戻り，お気に入りの曲をジュークボックスで選ぶ．あの哀愁に満ちたハーモニカの調べ「グリズビーのブルース」だ．静かにベティの隣に座り，ナイフでテーブルを軽く叩き，そして虚空を見つめる．ベティに手をつつかれ我に返り，すぐに彼女に微笑み返す．アメリカ映画のギャングとは一味も二味も違う人間味溢れるフランス・ギャングの姿がそこにはあった．

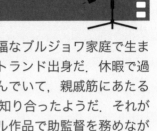

『現金に手を出すな』について

　ジャック・ベッケル監督はパリの裕福なブルジョワ家庭で生まれた．父はフランス人で，母はスコットランド出身だ．休暇で過ごす別荘の近くには画家セザンヌが住んでいて，親戚筋にあたるジャン・ルノワール監督とは1924年に知り合ったようだ．それが縁となり，ベッケルは複数のルノワール作品で助監督を務めながら，巨匠から映画の流儀を学んだ．ベッケルの代表作は『肉体の冠 Casque d'or』（1952）だろう．娼婦マリーと大工マンダの恋は悲劇的な結末へと向かう．マリーを演じたシモーヌ・シニョレが演技力を全開させた出世作である．

　もう一つの代表作がこの『現金に手を出すな』だ．ヌーヴェル・ヴァーグが押し寄せて来る前の1950年代，フランス映画では「フィルム・ノワール（フランス版の犯罪もの映画）」が流行した．その先駆けとなり，後のフィルム・ノワールに大きな影響を与えたのがこの作品だった．ジャン・ギャバンが老獪なギャング役を演じ，彼の復活をアピールした点からも，この映画は注目すべき作品と言える．

　ところでベッケルが映画監督の仲間入りをすることになった最初の長編作品『最後の切り札 Dernier Atout』（1942）も暗黒街の人間模様を描いた素晴らしいフィルム・ノワール作品だ．ただしこちらは，大金をめぐるギャングたちの抗争を，警察学校の首席を競う二人の新人警官が解決していくというサスペンス仕立てになっている．

　ベッケルで忘れてはならない作品がある．深刻な病と貧困に悩まされ，世間にその作品を認められることなく36歳で夭折した画家モディリアーニを描いた『モンパルナスの灯 Montparnasse 19』（1958）だ．ジェラール・フィリップの名演技が輝いている．ベッケルの最後の作品『穴 Le Trou』（1960）は，1947年にパリのサンテ刑務所で実際に起きた脱獄事件に基づいている．彼は『穴』が公開される1カ月前に53歳で亡くなった．

13

⑭ 居酒屋
Gervaise

ルネ・クレマン監督

▶**製作**◎アニェス・ドラエ
▶**原作**◎エミール・ゾラ
▶**脚本**◎ピエール・ボスト，ジャン・オランシュ
▶**出演**◎マリア・シェル，フランソワ・ペリエ，アルマン・メストラル，ジャック・アルダン他
▶**製作年等**◎1956 年，フランス，112 分

ストーリー

　ナポレオン 3 世の治世下で世の中は混乱していた．足に障害のあるジェルヴェーズ（シェル）は，洗濯女として働き，ランティエ（メストラル）と暮らしていた．ランティエは売春婦のところに入り浸り，金を持ったまま失踪する．残されたジェルヴェーズは屋根職人クポー（ペリエ）と結婚する．ジェルヴェーズは洗濯屋を開店しようとする．その矢先クポーが屋根から転落し，職を失い酒びたりになる．ジェルヴェーズは鍛冶職人グジェ（アルダン）を心の支えとする．

　誕生パーティーでクポーがランティエを招き入れ，三人の奇妙な生活が始まる．生活は荒むばかりだった．賃上げ要求の首謀者として逮捕されたグジェは刑期を終え，ジェルヴェーズのところに来て彼女の状況に絶望する．クポーは客のシーツを質に入れ，洗濯屋の経営は風前の灯となった．出口のない不幸に見舞われたジェルヴェーズはこの先どうなるのか．

写真協力：(財)川喜多記念映画文化財団

M. Coupeau : Tu sais quelle heure il est? J'ai la dent, moi!

Gervaise : C'est qu'il y avait un fameux travail, tu sais. Le temps de faire le dîner, il faut que j'y retourne.

M. Coupeau : Encore?

Gervaise : T'as bien travaillé?

Etienne : On m'a mis au soufflet.

M. Goujet : Et il se débrouille bien!

M. Coupeau : T'as pas l'air de bonne humeur.

Gervaise : J'ai plus le temps.

M. Coupeau : T'aurais dû me laisser aller à l'hôpital. Je serais guéri. Et puis toi, tu l'aurais, ta boutique.

14

居酒屋

クポー ：何時だと思ってる？　腹ペコだ！

ジェルヴェーズ ：仕事があったからよ．食事を作ったらまた戻らないと．

クポー ：まだ働くのか？

ジェルヴェーズ ：（息子に）ちゃんと働けたの？

(息子)エティエンヌ：フイゴを使ったよ．

(鍛冶職人)グジェ ：上手くできたよ．

クポー ：お前はご機嫌斜めみたいだな．

ジェルヴェーズ ：時間がないのよ．

クポー ：俺を病院に入れとけばな．俺は怪我が治り，お前も店が持てたのに．

▼

◎文法のポイント▼ avoir la dent は俗語で「腹ペコだ」の意味
▼ un fameux travail とは，洗濯屋の仕事を自虐的に言っている．
▼ aurais dû, serais, aurais ～は，現実に反する仮定を表す．

第二帝政を舞台に，一族の有為転変を描いた『ルーゴン・マッカール叢書 Les Rougon-Macquart』という作品群がある．『居酒屋 L'assommoir』は第七巻にあたる．人々の生きざまを冷酷なまでに客観的に観察する小説家エミール・ゾラの代表作だ．1956年8月に日本で公開されると，観客は感動と同時に絶望に包まれた．同年のキネマ旬報の映画評では断トツの1位だった．

クポーが負傷した後，ジェルヴェーズの歯車はくるい始める．半年後に怪我は治ったものの，店を開店するための貯金が底をついた．

忙しさに忙殺されるジェルヴェーズ．息子エティエンヌはグジェの鍛冶屋で見習いを始めた．セリフのシーンである．その後，クポーは自信とやる気を失っていき，ただ時間だけが過ぎていく．ある日，ジェルヴェーズは，クポーが客のシーツを質屋に入れたと聞く．怒った彼女は酒場に行き，皆の前でクポーに詰め寄る．クポーとの喧嘩が絶えなくなる．怒りに任せたジェルヴェーズのセリフだ．

Gervaise : (...) Oh, dieu! Je l'ai voulue. Et je l'ai eue. Et maintenant? Où est-ce qu'elle est, ma boutique? Vous l'avez mangée. Elle est dans ton ventre et dans le sien. Ah, mon dieu, on était mieux quand on était ouvriers! J'en veux plus. Je peux plus la voir. À qui la veut!

ジェルヴェーズ：(…) ええ！店は欲しかったわよ．それで手に入れたけど．それが今じゃ？どこに店があるのよ？あなた方が食べたんだわ．あなたとランティエのお腹の中にね．雇われだった昔の方が良かった！もううんざり．店なんか見たくもない．くれてやるわ！

グジェはエティエンヌの将来を案じて旅に連れ出し，クポーは程なく死ぬ．我儘な男たちに翻弄され，苦労し続けるのはジェルヴェーズと残された子供たちだ．ラストシーンのジェルヴェーズと娘ナナの姿は，ずいぶんと残酷である．

Véronique : (...) Tiens, Monsieur Tavernier! Il range toujours sa voiture sur les clous. Lui, les contraventions, les flics, il s'en fout totalement! (...) Tu ne trouves pas qu'il a une face extraordinaire? Un peu chic anglais. C'est un ancien d'Indochine d'ailleurs. (...) Maintenant il est dans les affaires. Depuis un mois je le vois tout le temps, il achète des fleurs en pagaille.

ヴェロニク：(…) タヴェルニエさんだわ！ 駐車はいつも横断歩道よ．罰金や警察なんてどうでもいいの．(…) 特別な人だって思わない？ イギリス紳士みたいで．インドシナ帰りよ．(…) 今はビジネスマン．この1カ月いつも見かけるの，たくさん花を買ってくれるわ．

◎文法のポイント▼ une face「顔」は une figure, un visage あるいは俗語で une gueule 等いろいろな言い方がある．▼ en pagaille「大量に」という慣用句．

セリフの背景 主人公ジュリアン・タヴェルニエがどんな人物なのか．花屋の店員ヴェロニクが恋人ルイに説明するセリフだ．ジュリアンを誉めそやすヴェロニクに，ルイはいいところを見せようとする．それが転落の始まりだった．
ジュリアンはバルコニーから侵入し，社長のカララがピストル自殺

したように見せかけた．一方，モーテルの殺人では，車の持ち主ジュリアンに嫌疑がかかった．エレベーターの中で管財人がフロランスに告げるセリフだ．

Administrateur judiciaire	**: Ce suicide me bouleverse, me stupéfie, littéralement! (...)**
Florence	**: Je vous remercie, Monsieur, de vous occuper de tous ces détails matériels.**
AJ	**: (...) Quand je songe à cette horrible tuerie de Trappes, la même nuit... Il était bizarre, ce Tavernier.**

管財人　：いやはや社長が自殺とは本当に驚きました！（…）

フロランス：資産についていろいろお世話になり，ありがとうございます．

管財人　：（…）それにしてもトラップの町で同じ夜に恐ろしい殺人があり…あのタヴェルニエとは妙ですね．

　映画のラスト近く，暗い現像室にジャズ・トランペットの乾いた音色が響き，現像液の中にジュリアンとフロランスの抱き合う写真が浮かび上がる．なかなかに小粋なシーンだ．

　続いてシェリエ警部が冷徹無比な言葉をフロランスに浴びせる．

Le commissaire : Voyez-vous Madame, dans un appareil, il y a toujours plusieurs clichés. C'est entendu Tavernier n'a pas tué les Allemands. Mais je l'accuse d'avoir tué votre mari, Simon Carala. Je vous accuse, vous, d'être sa complice. Et plus encore. Vous voyez? Il faut jamais laisser les photos traîner.

警部：マダム，写真にネガがあるのをお忘れですね．タヴェルニエはドイツ人旅行者は殺していません．彼はご主人のカララを殺害したのです．そして共犯者はあなただ．それに．わかります？ 写真を放置したのは，まずかったですな．

『死刑台のエレベーター』について

　暗いスクリーンにフロランスの顔が映し出され，決意のセリフがこだまする．"C'est moi qui n'en peux plus. Je t'aime. (...) Je ne te quitterai pas, Julien."「もう耐えられない，愛してるわ．(…) ジュリアン，もう離れないわ」．すると突然耳をつんざくようなジャズ・トランペットが響き渡る．マイルス・デイヴィスによる主題曲だ．カメラは電話するジュリアンの姿を捉えたかと思うと，窓から一気に屋外へと移動し，今度は隣のビルからジュリアンを観察する．『死刑台のエレベーター』は，この憎らしいほど素敵で衝撃的なオープニングと共に記憶される映画だ．ルイ・マル監督はアメリカナイズされたパリ，人間性が阻害され，孤独に陥る大都市の雰囲気を表現するためにジャズを選んだと言う．こうして冒頭から観客はスクリーンにくぎづけになる．ロワイヤル・キャメというカフェでジュリアンを待つフロランス．約束の時間になっても彼は現れない．盗まれたのと同じ車が通るのを見て「ジュリアン」とつぶやく．やがて夜の帳（とばり）が下りる．不安と焦燥にかられつつ，フロランスはあてどもなく彷徨う．再びジャズ・トランペットの重苦しい響きが聴こえる．実写による街角のカフェ，それとはちぐはぐな社長夫人フロランスの気配．撮影監督アンリ・ドゥカがいたから実現できた魅力的なイマージュである．

　こんな映画を作ったマル監督とはどんな人だろうか．彼はフランス北部の町テュムリにあるフランス最大の製糖企業ベギャンの家系に生まれた．こう聞くとマルは生粋のブルジョワのお坊ちゃんだと思ってしまう．しかしマルは，社会の不条理や悪に対して毅然とした態度で立ち向かう人である．

　『さよなら子供たち Au revoir les enfants』（1987）の原点には，子供の頃にユダヤ人の友達がゲシュタポによって連行されたトラウマと怒りがあった．1968年学生と労働者のストライキに端を発し，カンヌ映画祭を呑気に開催すべきではないと立ち上がった監督たちに対して審査員であったマルは不開催に賛同したのだった．

17 大人は判ってくれない
Les Quatre Cents Coups

フランソワ・トリュフォー監督

▶**製作**◎フランソワ・トリュフォー
▶**脚本**◎フランソワ・トリュフォー，マルセル・ムスィ
▶**音楽**◎ジャン・コンスタンタン
▶**撮影**◎アンリ・ドゥカ
▶**出演**◎ジャン＝ピエール・レオ，アルベール・レミ，クレール・モリエ，パトリック・オフェ他
▶**製作年等**◎1959 年，フランス，99 分

ストーリー

　思春期のアントワーヌ（レオ）は12歳．母のジルベルト（モリエ）は不倫しており，息子への愛情はない．家に帰ると彼が食事を準備する．学校では立たされて，罰の宿題が出る．狭いアパートでは宿題なんかできない．ルネ（オフェ）とつるんで学校をさぼる．先生には母が死んだので欠席したと嘘をつく．嘘がばれて家に帰れず，ルネの叔父の印刷所で夜を過ごす．翌日，学校に迎えにきた母は，作文で5番以内になったら千フランあげると約束する．アントワーヌはバルザックを読んで作文を仕上げるが，先生から丸写しだと言われ，学期末まで停学になる．遊ぶ金欲しさに義父（レミ）の会社からタイプライターを盗む．警察に突き出され鉄格子の中に入る．弁護士は少年鑑別所に送るよう提案する．とうとう行き着くところまで来てしまった．アントワーヌ少年に出口はあるのか．

写真協力：(財)川喜多記念映画文化財団

René : Qu'est-ce que tu vas faire?
Antoine : De toute façon, après ce coup-là, je peux plus vivre avec mes parents. Il faut que je disparaisse, tu comprends. (...) Oui, mais il y en a marre. Il faut que je vive ma vie. Je leur écrirai une lettre pour leur expliquer. (...)
René : Et où est-ce que tu vas coucher ce soir?
Antoine : Oh, j'en sais rien. Ça m'est égal.

ルネ ：どうするの？
アントワーヌ：もうこうなったら，親とは暮らせないよ．消えるしかないだろ．（…）そうだな，もううんざりだ．自分で生きるしかない．親には手紙を書いて説明するさ．（…）
ルネ ：今夜はどこに泊まる？
アントワーヌ：分からん．どうでもいい．

大人は判ってくれない

セリフの背景　　　誰も親を選ぶことはできないし，子供には自分で人生の軌道修正をすることも難しい．人生もはや行き止まりなのだ．こうしてアントワーヌは友達のルネに家出を告げる．しかし，アントワーヌにどんな責任があると言うのだろうか．確かにヤンチャで，グレていて，盗みもやった．そして，とうとう逮捕された．警察での写真撮影．そこにアントワーヌ少年の顔はない．誰が彼の表情まで犯罪者に変えたのか．弁護士の助言で，彼は少年鑑別所に移送されることになる．弁護士と母親のセリフから問題の本質が透けて見える．

La mère : À la rigueur on pourrait essayer de le reprendre. Mais pour ça, il faudrait qu'il s'engage à changer du tout au tout ! Si seulement vous arriviez à lui faire peur, Monsieur le juge...

Le juge : Mais, ce n'est pas mon rôle, Madame.

La mère : Mais nous n'avons aucun pouvoir sur lui !

Le juge : (...) Dites-moi, est-il vrai que l'enfant soit parfois resté tout un week-end seul à la maison ?

La mère : Mon mari s'occupe d'un club automobile. Il a pu nous arriver de laisser le petit seul à la maison. D'ailleurs il déteste le sport. Il préfère s'enfermer des heures au cinéma à s'esquinter les yeux. (...)

Le juge : (...) Et réflexion faite, je crois qu'il vaut que nous mettions l'enfant en observation dans un centre.

La mère : Oh ! Euh, ça pourrait être au bord de la mer, Monsieur le juge ?

Le juge : Madame, nous ne sommes pas une colonie de vacances !

母　　：あの子をなんとか叩き直したいんです．それには，何もかも変えないといけません！せめて怖い目にあわせてくだされればいいんですが…

弁護士：それは私の役目ではありません．

母　　：でも私共にはどうもできないんですよ！

弁護士：(…) 息子さんが週末ずっと家で一人きりだったというのは本当ですか？

母　　：主人は自動車クラブをやってまして．それであの子を一人家に残して出かけました．息子はスポーツが大嫌いなんです．映画なら目が悪くなるくらいずっと観てられるんです．(…)

弁護士：(…) あれこれ考えまして，少年鑑別所に送致するのがよろしいかと思います．

母　　：まあ！海岸の近くなのかしら？

弁護士：マダム，臨海学校じゃないんですよ！

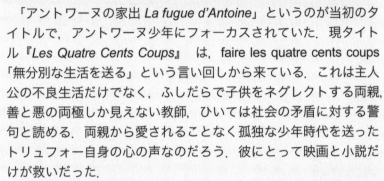

『大人は判ってくれない』について

　「アントワーヌの家出 *La fugue d'Antoine*」というのが当初のタイトルで，アントワーヌ少年にフォーカスされていた．現タイトル『*Les Quatre Cents Coups*』は，faire les quatre cents coups「無分別な生活を送る」という言い回しから来ている．これは主人公の不良生活だけでなく，ふしだらで子供をネグレクトする両親，善と悪の両極しか見えない教師，ひいては社会の矛盾に対する警句と読める．両親から愛されることなく孤独な少年時代を送ったトリュフォー自身の心の声なのだろう．彼にとって映画と小説だけが救いだった．

　トリュフォー監督は，フランス・ソワール紙でこの映画の主人公役を募集する．監督自身の分身であるアントワーヌ少年を演じられるのはジャン＝ピエール・レオ以外にいない！トリュフォーはこうしてレオと運命的な出会いをし，そこからアントワーヌを主人公とする連作『アントワーヌとコレット *Antoine et Colette*』（1962），『夜霧の恋人たち *Baisers volés*』（1968）等が生まれた．『大人は判ってくれない』は，評論家トゥビアナによれば，1958年11月10日にモンマルトルでクランクインした．奇しくもその翌日11日に，ヌーヴェル・ヴァーグの精神的支柱だったアンドレ・バザンが40歳で亡くなった．トリュフォーは本作品をバザンに捧げている。

　撮影は監督が幼少期を過ごしたパリ18区などで行われ，本物の場所と現実感に徹底的にこだわった．師と仰いでいたネオリアリズモの巨匠ロッセリーニ監督の影響があったことはもちろんだ．作品は1959年のカンヌ映画祭コンペティション部門で公開され，監督賞を受賞し世界中で注目された．フランスでは1959年6月3日に封切られ，上映は14週間続き，パリで26万人超，フランス全体では約45万人の観客がアントワーヌの過酷な日常を観た．この作品によってジャーナリズムでは，不幸な幼少期と未成年者の教育問題について議論が巻き起こった．

大人は判ってくれない

18 いとこ同志
Les Cousins

クロード・シャブロル監督

▶ **製作**◎クロード・シャブロル，ロラン・ノナン
▶ **脚本**◎クロード・シャブロル，ポール・ジェゴフ
▶ **音楽**◎ジョルジュ・デルヴォー
▶ **撮影**◎アンリ・ドゥカ
▶ **出演**◎ジェラール・ブラン，ジャン＝クロード・ブリアリ，ジュリエット・メニエル 他
▶ **製作年等**◎1959 年，フランス，112 分

ストーリー　　法学の受験勉強をするためにシャルル（ブラン）は田舎からパリに上京する．ヌイイにある従弟ポール（ブリアリ）の豪勢なアパルトマンに同居させてもらう．従弟とは言うものの，シャルルが生真面目なのに対して，ポールは遊び人と性格は正反対だ．ある日のこと，シャルルは学生クラブに行き，そこでフロランス（メニエル）を見初める．次の日，約束の時間を間違えてアパートに来てしまったフロランスは，ポールと戯れの恋に落ちて，そのまま同棲する．こうして三人の共同生活が始まった．法学士の試験は真面目なシャルルが落ち，遊び人のポールが合格する．シャルルが絶望して街を彷徨っていると，フロランスが別の男と仲良くしているのを見る．誠実や生真面目だけでは世の中は渡ってゆけない．そして物語は結末へと進んでいく．

写真協力：(財)川喜多記念映画文化財団

76

Le libraire : (...) Il y a tellement de choses à lire qu'une vie entière n'y suffit pas. Et les voir perdre leur temps comme ça, moi, (...)

Charles : Ah, là vous avez raison. Je viens de passer dix ans de ma vie à lire eh bien je... je trouve ça très agréable.

L : Bah voyons! Mais je leur dis « lisez Dostoïevski, il y a là-dedans tout ce qui vous tracasse! ». Bah ils me répondent qu'ils ... qu'ils sont pas tracassés!

C : Vous avez l'air bien amer.

L : Bah, il y a de quoi, Monsieur! Quand il n'y a plus que la province pour acheter Balzac. (...) Parce que votre Balzac, je vais vous le donner!

本屋 ：(…) 一生かけても足りないくらい読むべきものは多いのに．連中は時間を無駄にするんです (…)

シャルル：同感です．僕は10年間ずっと読書でした．それが楽しいから．

本屋 ：そうですか!「ドストエフスキーを読みなさい，人生の悩みごとが満載だから」と言ったら，連中の答えは「悩みたくなんかない」なんです．

シャルル：手厳しいですね．

本屋 ：当然ですよ．バルザックを買うのはもう地方の方だけですね．(…) だから，バルザックを進呈しましょう!

セリフの背景

　映画の中で異色の登場人物と言えば，頑固一徹で世間の風潮に批判的な本屋の亭主だろう．店主はシャルルを普通の学生客と思い，「探しているのは探偵ものですか」と尋ねる．ところがシャルルは「バルザックを探してます」と答える．店主はシャルルを気に入り，セリフのシーンのように立て続けに話しかけてくる．

　ある日，ポールが開いたパーティーに学生のたまり場で知り合ったフロランスがやって来た．シャルルはフロランスを外に連れ出す．マロニエに寄り添う二人は口づけを交わす．フロランスの優しさに触れたシャルルは，思わず自身の弱さを吐露する．

> Charles : Qu'est-ce que vous pensez de moi? Que je suis un bon
> élève?
> Florence : Je suis pas en classe avec vous.
> Charles : Heureusement ça... ça m'aurait enlevé toutes mes chances.
> Non, Florence, je sais ce que je suis. Un fils que ... que sa
> maman a bordé, choyé, dorloté. Ça marque, vous savez.
> Florence : Et alors? (...)

> シャルル　　：僕のことどう思う？　優等生なのかな？
> フロランス：あなたとはクラスが違うわ．
> シャルル　　：かえって良かったよ．でないとこんな機会はなかった
> から．僕は自分のことはわかってる．母親に可愛が
> られ甘やかされて育った息子だ．見たらわかるだろ．
> フロランス　：だから何よ？（…）

　さらに女々しく卑下するシャルルをフロランスの優しい一言が包み込む．

> Florence : Vous avez la plus belle voix du monde, mon Charles.
> フロランス：シャルル，あなたの声は世界一すてきよ．

◎文法のポイント▼ bordé は「囲われた」．▼ choyé は「可愛いがられた」．▼ dorloté は「甘やかされた」．

78

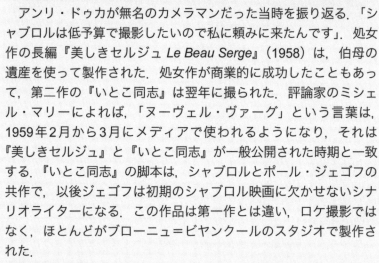

『いとこ同志』について

　アンリ・ドゥカが無名のカメラマンだった当時を振り返る．「シャブロルは低予算で撮影したいので私に頼みに来たんです」．処女作の長編『美しきセルジュ Le Beau Serge』(1958) は，伯母の遺産を使って製作された．処女作が商業的に成功したこともあって，第二作の『いとこ同志』は翌年に撮られた．評論家のミシェル・マリーによれば，「ヌーヴェル・ヴァーグ」という言葉は，1959年2月から3月にメディアで使われるようになり，それは『美しきセルジュ』と『いとこ同志』が一般公開された時期と一致する．『いとこ同志』の脚本は，シャブロルとポール・ジェゴフの共作で，以後ジェゴフは初期のシャブロル映画に欠かせないシナリオライターになる．この作品は第一作とは違い，ロケ撮影ではなく，ほとんどがブローニュ＝ビヤンクールのスタジオで製作された．

　『いとこ同志』という作品は，すぐれて二元論的な設定である．田舎から出て来たシャルルに対してポールは都会暮らし．法学士になるための準備では，シャルルは真剣に取り組むが，ポールはちゃらんぽらんだ．ブルジョワたちのパーティーは華美ではあるが退廃と紙一重なのだ．学生たちは勉学と恋愛の両極を揺れ動いているといった具合で，どうも中庸の生き方が許されていない．

　カルチェ・ラタンにある「たまり場 Association」や周辺の学生街は，束の間の自由を謳歌する学生たちで溢れ返っている．そんなある日のこと，フロランスが約束の時間を間違えてアパルトマンに来る．ポールはその機会を利用して，ちゃっかりフロランスと親密になる．シャルルはフロランスに母を見ていたのだが，ポールにとっては単なる性的対象に過ぎなかった．

　試験の結果はポールが合格し，シャルルは不合格という運命のイタズラに終わる．しかし，その後の展開とワーグナーの『ワルキューレ La Walkyrie』による幕引きには運命の恐ろしさを感ぜずにはいられない．すばらしい演出である．

18

いとこ同志

19 24 時間の情事
Hiroshima, mon amour

アラン・レネ監督

▶ **製作**◎アナトール・ドマン，サミ・アルフォン
▶ **製作総指揮**◎サシャ・カメンカ，白川武雄
▶ **脚本**◎マルグリット・デュラス
▶ **音楽**◎ジョヴァンニ・フスコ，ジョルジュ・ドゥルリュー
▶ **撮影**◎高橋道夫，サシャ・ヴィエルニ
▶ **出演**◎エマニュエル・リヴァ，岡田英次他
▶ **製作年等**◎1959 年，フランス・日本，90 分

ストーリー

　彼女（リヴァ）は「平和」をテーマとする映画に出演するために広島に来た．彼（岡田）は広島に暮らす建築技師だ．二人は行きずりの恋に燃える．しかし彼女は16時間後に日本を去らなければならない．「君はヒロシマで何も見ていない」と彼が言うと，「私は全てを見た」と彼女が答える．ホテル・ニュー広島の屋上から，彼女は広島の街を見る．部屋に戻って，彼の姿を見るやいなや，故郷ヌヴェールでドイツ兵の恋人が血を流している姿がフラッシュバックする．彼女は敵国協力者として丸坊主にされた．記憶の中でヌヴェールと広島が交錯する．二人は夜の街を彷徨う．カサブランカというキャバレーで夜を過ごす．彼の名はヒロシマ，彼女の名はヌヴェール．マルグリット・デュラスの脚本を映像化した傑作だ．

写真協力：(財)川喜多記念映画文化財団

Une voix d'homme, mate et calme, récitative, annonce:
Lui : Tu n'as rien vu à Hiroshima. Rien.
À utiliser à volonté. Une voix de femme, très voilée, mate également, une voix de lecture récitative, sans ponctuation, répond:
Elle : J'ai tout vu. Tout.

(Marguerite Duras, *Hiroshima mon amour*, Folio, 1960)

（ト書き）響きのない穏やかな男の声が，台詞を読みあげるように言う．
彼：君はヒロシマで何も見なかった．何も．
（ト書き）何度使用してもよい．くぐもった感じで響きのない女の声，切れ目なく朗誦する声が答える．
彼女：私は全てを見た．全てを．

（参考＊マルグリット・デュラス，『ヒロシマ モナムール』，
工藤庸子訳，河出書房新社，2014年）

◎文法のポイント▼ mate「音がこもった」．▼ récitative「朗読調の」という意味だが，そこには「個性のない」という含意がある．
▼ à volonté は「任意に」という成句．

セリフの背景　原作シナリオには1946年にアメリカが行ったビキニ環礁での核実験のキノコ雲のことが書かれていた．しかしそれはタイトルクレジットから消された．クレジットが終わると，暗闇の中で男女の絡み合うシーンが現れる．顔の見えない匿名の彼と彼女の背中と手が，まるで身体から切り離された生き物のようにうごめいている．デュラスはキノコ雲による破壊を，この断片化された身体に対比させたかったのだろう．それにしても衝撃的としか言いようのない予想外の始まりだ．映像だけでなく上のセリフもショッキングである．

なぜ彼女が経験したことを，彼は「何も見なかった」と全否定したのか．なぜ彼女は「全てを見た」と全肯定したのか．デュラスによればこれは寓意的なほのめかしであり，ヒロシマ（＝戦争の記憶）について語るのは不可能なことなのであって，できることは「ヒロシマについて語ることができないと語ること」だと言う．何かを見たというのは見た人だけが経験したことで，他人とその経験の記憶を共有できるわけではない．そして時が過ぎ，経験は忘却され，経験した本人もそれを語ることができなくなる．そうだとすれば，冒頭のこの問いかけは，とても深い問題を私たちに投げかける．それにしても残酷なヒロシマの運命を，あえてベッドの二人に語らせたのはなぜか？　どこにいてもヒロシマを話題にできることを示したかった，とデュラスは言う．

　『24時間の情事』は，まさしくヒトの記憶と忘却の物語だ．そのことが如実に表れたセリフがある．居酒屋で彼女は広島を離れ，明日は何千キロのかなたにいると語り始める．彼は彼女の口から14年前のドイツ兵への愛と苦悩について聞き，「その話を知っているのは僕だけだね」と経験を共有できたかのように喜び，こう続ける．

　Dans quelques années, quand je t'aurai oubliée, et que d'autres histoires comme celle-là, par la force encore de l'habitude, arriveront encore, je me souviendrai de toi comme de l'oubli de l'amour même. Je penserai à cette histoire comme à l'horreur de l'oubli.

　「何年か経って，君を忘れてしまった頃に，あるいは成り行きで同じことを何度も経験する時に，忘れられた愛の話として君のことを思い出すだろう．恐ろしい忘却の話として今回のことを考えるだろう」．

　忘れられた愛の思い出は，はたして愛だったのか？　二人に残された時間はわずかだ．彼と彼女は真夜中のヒロシマを彷徨う．そして別れの朝がやって来る．ホテルの部屋で，「もう離れられない」と訴える彼に，長い沈黙の後，彼女はこう叫ぶのだ．「あなたを忘れたい！　もう忘れている！　ほらね…」．

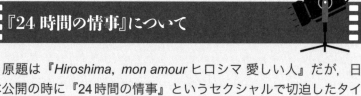

『24 時間の情事』について

　原題は『*Hiroshima, mon amour* ヒロシマ 愛しい人』だが，日本公開の時に『24時間の情事』というセクシャルで切迫したタイトルに変更された．原爆のシーンがあるため1959年のカンヌ映画祭ではコンペティション部門外で上映され，国際映画批評家連盟賞をとった．当初は人気作家に脚本を依頼したらしいが断られ，最終的にマルグリット・デュラスが脚本を担当した．彼女は言う．「名前のない男と女の個人的な物語は，短命ながらヒロシマに対して優位に立つ．そうすればこの作品は偽の記録映画となり，記録映画よりも説得力を持つヒロシマの教訓になり得る」．なんだか難しい言い方をしているが，要するに，名を持たない彼女の記憶は，大戦中にドイツ兵への愛を蹂躙された地方都市ヌヴェールの記憶と同一視され，名を持たない彼の記憶は，原子爆弾によって壊滅したヒロシマの記憶となる．こうして彼と彼女の個人的な記憶の物語は，それぞれの土地と結びついた集団的悲劇の記憶に姿を変えるというわけだ．

　物語の語り口と進め方，そして印象的かつ感覚的な映像が，当時のスタンダードをはるかに超えていたせいか，興行成績は同年の150作品中で24位だった．ただ批評家からは大絶賛された．「映画の歴史を覆した」あるいは「500年に一度の傑作」とまで褒められた．日仏合作のため，広島での撮影は大映の高橋道夫監督が，ヌヴェールではサシャ・ヴィエルニ監督が担当した．彼と彼女が夜のヒロシマを彷徨い歩くシーンがある．レネは1958年にロケ地を下見した際に，映画と同じ午前3時に広島を歩いてまわったという．アフリカ芸術を扱ったドキュメンタリーでジャン・ヴィゴ賞を受賞し，『夜と霧 *Nuit et brouillard*』(1955)ではホロコーストのドキュメンタリーを撮ったレネ監督ならではの彷徨するカメラワークだ．映画の中で彼を演じた岡田英次は，とても聞き取りやすいフランス語を話しているが，セリフは全て音で覚えたそうだ．さすがはプロ！

20 勝手にしやがれ
À bout de souffle

ジャン＝リュック・ゴダール監督

- ▶**製作**◎ジョルジュ・ド・ボールガール
- ▶**脚本**◎フランソワ・トリュフォー，ジャン＝リュック・ゴダール，クロード・シャブロル
- ▶**音楽**◎マルスィアル・ソラル
- ▶**撮影**◎ラウル・クタール
- ▶**出演**◎ジャン＝ポール・ベルモンド，ジーン・セバーグ，ダニエル・ブランジェ他
- ▶**製作年等**◎1960年，フランス，90分

ストーリー　　ハリウッドスターのハンフリー・ボガードに憧れるミシェル（ベルモンド）は，車泥棒をして稼ぎながら勝手気ままな生活を送っている．今日も今日とてマルセイユで盗んだ車に乗ってパリへ向かう．速度超過で白バイに追われ，車のバッグにあった拳銃で警官を射殺する．

　パリに着き，ニースで知り合ったアメリカ人学生パトリシア（セバーグ）を探し，シャンゼリゼ大通りで英字新聞を売る彼女を見つける．パトリシアは用があると断わるが，ミシェルは彼女の部屋に押しかける．彼は自分が指名手配されているのを知る．警察がパトリシアの会社にやって来る．ミシェルは盗難車を売ろうとするが通行人に密告される．ミシェルとパトリシアは友人宅に身を隠す．しかし翌朝パトリシアが通報する．

　八方塞がりのミシェルは「息も絶え絶え à bout de souffle」の状態に追い込まれる．そして有名なラストシーンだ．

写真協力：(財)川喜多記念映画文化財団

Patricia : Entre le chagrin et le néant, je choisis le chagrin... Et toi, tu choisiras quoi? (...)

Michel : Le chagrin est idiot. Je choisis le néant. C'est pas mieux..., mais le chagrin, c'est un compromis. (...)

パトリシア：悲しみと虚無だと，私は悲しみの方を選ぶわ．あなたはどっちを選ぶの？（…）

ミシェル ：悲しみなんてバカだ．俺は虚無だな．良くはねえが…悲しみは妥協だからな．

Michel : Tu es vraiment dégueulasse!
Patricia : Qu'est-ce qu'il a dit?
Inspecteur Vital : Il a dit : vous êtes vraiment une dégueulasse.
Patricia : Qu'est-ce que c'est « dégueulasse »?

ミシェル ：お前はほんと最低 (dégueulasse) だ！
パトリシア ：何て言ったの？
ヴィダル刑事：あんたがほんとに dégueulasse（最低な女）だと言ったんだ．
パトリシア ：dégueulasse って何なの？

セリフの背景
　この映画から名セリフを選ぶとすれば上の二つだろう．最初のセリフはパトリシアがウィリアム・フォークナーの『野生の棕櫚 Les Palmes Sauvages』（仏訳 1939年）を引用したセリフだ．

85

この映画は，**Ce film est dédié à la Monogram Pictures.**「この映画を Monogram Pictures 社に捧ぐ」の献辞で始まる．1931〜53年に低予算で映画製作をしていたアメリカの会社だ．ハンフリー・ボガードの『殴られる男 *Plus dure sera la chute*（原題：*The Harder They Fall*）』（1956）のポスターを見つめるミシェルの姿はB級映画へのオマージュである．

映画の中にとぎれとぎれに現れては，ドラマにリズムを生み出している新聞記事や広告を集めてみた．

ミシェルはシャンゼリゼ大通りでパトリシアと別れる．すると映画ポスターがスクリーン全体に広がる．**(IL FAUT) VIVRE DANGEREUSEMENT JUSQU'AU BOUT**「最後まで危なく生きねばならない」は，『地獄への秒読み *Ten Seconds to Hell*』（1958）のキャッチコピーだ．ミシェルが新聞を開くと事件を知らせる見出しがあった．**FRANCE-SOIR Enquête record: la police a déjà identifié le meurtrier de la R.N. 7.**「フランス・ソワール紙の捜査報告：警察は既に7号線の殺人犯を特定」．さらに詳しい記事が続く．**A.F.P., 19 août Grâce aux empreintes laissées sur le volant de l'Oldsmobile volée avant hier à Marseille, l'inspecteur Vidal n'eut que deux heures à attendre avant de recevoir, via l'Interpol, un câblogramme de Rome lui fournissant l'identité du meurtrier du motard Thibaud, lâchement assassiné sur la R.N. 7.**「AFP伝8月19日　一昨日マルセイユで盗まれたオールズモビルのハンドルに残された指紋により，ヴィダル警部は7号線で無残に殺害されたオートバイ運転手ティボーの殺人犯を特定した電報を，ローマからインターポール経由でわずか2時間後に入手」．

ところが捜査は膠着状態に．**France-Soir Le meurtrier du motard Thibault court toujours.**「オートバイ運転手ティボーの殺害犯はいまだ逃走中」．ついにパトリシアにも捜査が…二人は『決斗ウエストバウンド *Westbound*』（1958）を観ながら夜になるのを待つ．パトリシアが店に入るとネオン広告が緊張感を演出する．**LE FILET SE RESSERRE AUTOUR DE MICHEL POICARD**「ミシェル・ポワカール逮捕の網が狭まる」．

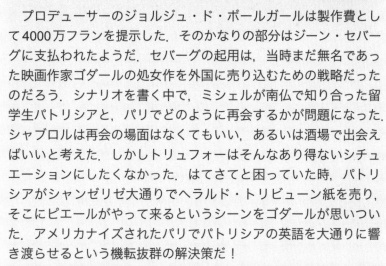

『勝手にしやがれ』について

　プロデューサーのジョルジュ・ド・ボールガールは製作費として4000万フランを提示した．そのかなりの部分はジーン・セバーグに支払われたようだ．セバーグの起用は，当時まだ無名であった映画作家ゴダールの処女作を外国に売り込むための戦略だったのだろう．シナリオを書く中で，ミシェルが南仏で知り合った留学生パトリシアと，パリでどのように再会するかが問題になった．シャブロルは再会の場面はなくてもいい，あるいは酒場で出会えばいいと考えた．しかしトリュフォーはそんなあり得ないシチュエーションにしたくなかった．はてさてと困っていた時，パトリシアがシャンゼリゼ大通りでヘラルド・トリビューン紙を売り，そこにピエールがやって来るというシーンをゴダールが思いついた．アメリカナイズされたパリでパトリシアの英語を大通りに響き渡らせるという機転抜群の解決策だ！

　ところが撮影が始まると，セバーグはゴダールのやり方に大いに戸惑う．シナリオは日ごとに更新されるが，彼女にすれば改悪され続けたからだ．だが幸いだったのは，セバーグがゴダールの新しい手法を半ば面白がっていたことだ．撮影が進むにつれて彼女は監督をしだいに信頼するようになった．

　苦労したのは俳優だけではない．Ｂ級ギャング映画をドキュメンタリー調に撮影したいというゴダールの無理難題を実現するために，撮影監督クタールは手持ちカメラを使用して困難な条件下で撮影をした．また，ワンシーンのシークエンスが長くなり，編集作業ではシーンを飛び飛びにカットして次につないで，全体を短くするという方法がとられた．

　女性にだらしなく，刹那的で無謀なチンピラを演じたジャン＝ポール・ベルモンドは，生粋のパリっ子だ．『勝手にしやがれ』が世界的なヒットを記録したため，この破滅型のミシェルがベルモンドのその後の役柄にも大きな影響を与えることになった．

㉑ 突然炎のごとく
Jules et Jim

フランソワ・トリュフォー監督

▶**製作**◎マルセル・ベルベール，フランソワ・トリュフォー
▶**原作**◎アンリ＝ピエール・ロシェ
▶**脚本**◎アンリ＝ピエール・ロシェ，フランソワ・トリュフォー，ジャン・グリュオ
▶**音楽**◎ジョルジュ・ドルリュー
▶**出演**◎ジャンヌ・モロー，オスカー・ウェルナー，アンリ・セール他
▶**製作年等**◎1962 年，フランス，105 分

ストーリー　ジュール（ウェルナー）はオーストリア出身の青年．戦争の足音が聞こえる1912年にフランス人のジム（セール）と出会う．ともに文学を愛する二人に友情が生まれる．ある日ミュンヘンからやって来たカトリーヌ（モロー）をジュールが好きになる．海岸近くに家をみつけ三人の楽しい生活が始まり，ジュールはカトリーヌと結婚する．

　やがて第一次世界大戦が勃発し，ジュールとジムは敵と味方に分かれて戦場へ行く．戦争が終わり，ジムは二人が住むライン河沿いの山荘を訪ねる．夫婦間は冷めていた．ジュールはジムにカトリーヌと結婚して欲しいと頼む．しばらく三人は山小屋で暮らすが，ジムがパリに戻ることになる．ジュールとカトリーヌもパリ郊外に引っ越しジムと再会する．そして物語はラストへと進む！

写真協力：(財)川喜多記念映画文化財団

Jules : Approuvez-vous de vouloir épouser Catherine? Répondez-moi franchement.

Jim : Est-elle faite pour avoir un mari et des enfants? Je crains qu'elle ne soit jamais heureuse sur cette Terre. Elle est une apparition pour tous, peut-être pas une femme pour soi tout seul.

....

ジュール：カトリーヌとの結婚に賛成かい？ 正直に答えてくれ．

ジム ：彼女は夫や子供を持つような家庭的な女性じゃないだろ？ この世では幸せになれない人だと思う．誰にとっても幻影で，独り占めなんてできない女性だよ．

▼

セリフの背景

　劇からの帰り．ジュールとカトリーヌの心の隙間が明らかになる．

Jules : (...) Dans le couple, l'important, c'est la fidélité de la femme. Celle de l'homme est secondaire. Qui a écrit : « La femme est naturelle, donc abominable »?

Jim : C'est Baudelaire, mais il parlait des femmes d'un certain monde, d'une certaine société.

Jules : Mais pas du tout, il parlait de la femme en général. (...) J'ai toujours été étonné qu'on laisse entrer les femmes dans l'église... Quelle conversation peuvent-elles avoir avec Dieu?

Catherine : Vous êtes deux idiots!

ジュール：(…) 夫婦で大切なのは妻の貞操なんだ．夫の貞操は二

の次だ.「女性は自然で, だから忌むべきもの」と書いたのは誰だっけ?

ジム　　：ボードレールだ, けど彼は俗世の特別な社会の女性たちのことを言ってたんだよ.

ジュール：いやそうじゃなくて, 彼は女性全般を言ってたんだ. (…) 僕は教会に女性を入れるのがほんと驚きなんだ…女性は神とどんな会話ができるのかってね.

カトリーヌ：二人とも馬鹿よ.

　ジムはジュールの考えには与しない. その時カトリーヌは「**Alors, protestez！** じゃあ抗議して！」と言って, 突然セーヌ河に飛び込む. するとナレーションがまるで小説のようにジムの心の動きを描写する.

> **Voix-off : Le plongeon de Catherine se grava dans les yeux de Jim au point qu'il en fit le lendemain un dessin, lui qui ne dessinait pas. Un éclair d'admiration jaillit en lui tandis qu'il envoyait à Catherine par la pensée un baiser invisible. (...)**

> **VO**：カトリーヌの飛び込む姿はジムの目に深く刻まれ, 絵を描く習慣のないジムが, 翌日それを絵にする. 心の中でカトリーヌに見えないキスを送りながら, 激しい称賛の情がほとばしり出た. (…)

　カトリーヌの無鉄砲な行為にジュールは蒼白になる. ところがカトリーヌ自身は若きナポレオンのように微笑んでいた.

　もう一つ忘れられないシーンがある. 初期のトーキー映画よろしく, トリュフォーはジュールの山荘でカトリーヌに「人生のつむじ風 *Le Tourbillon de la vie*」という曲を歌わせている. ギターを演奏するのは, 画家, 作家, 音楽家として知られるセルジュ・レズヴァニである. 心が解放されて歌うカトリーヌが美しい!

◎文法のポイント▼ Baudelaire ボードレール (1821-67) はフランスの詩人・作家. ▼ se grava dans les yeux「目に刻まれた」の動詞 grava は単純過去形で, 過去の一瞬の動作を活写する.

90

『突然炎のごとく』について

　原作はアンリ＝ピエール・ロシェの小説である．彼はピカソをアメリカに紹介するなど絵画の愛好家だった．70歳を過ぎて小説を書き始め，73歳の時に本作を書いて自身の恋愛遍歴を50年後から振り返った．全く無名の小説だったが，1956年に古本屋でトリュフォーによって発掘された．物語はジュールとジムの信頼関係と二人を愛してしまったカトリーヌの自由な生き方を描いている．

　カトリーヌ役のジャンヌ・モローは1928年にパリで生まれた．父親の反対を押し切って演劇を勉強する．やがて映画にも出演するようになる．『現金に手を出すな』（56頁）では，主人公マックスの親友リトンの情夫で，踊り子ジョズィという端役を演じた．

　モローが注目されるようになったのは，ルイ・マルの2作品『死刑台のエレベーター』（68頁）と『恋人たち Les Amants』（1958）での名演技による．前者では社長夫人を演じ，恋人と計画殺人を実行する．後者では上流階級の夫人を演じ，全てを投げ捨てて青年と逃避行する．この2作によって，どこか上流かつ知性派というモローのイメージが定着する．そんなモローにとって，『突然炎のごとく』のカトリーヌ役は自身の女優像を一変させる大きな挑戦でありチャンスでもあった．トリュフォーはモローが自然と醸し出す知的かつ悲劇的な雰囲気をどうやって払拭できるかに思いを巡らせたのだった．カトリーヌが男装して橋の上を駆けるシーン，夜中にセーヌ河に飛び込む場面，大衆的な「人生のつむじ風」を歌ったのはそうした演出だったのだろう．

　また映画中にニュース映像を挿入したり，映像を停止させたり，ナレーションを頻繁に使うことで，トリュフォーは「読む映像」を創出しようと目論んだ．こうして原作の小説は見事に映画化されたわけだが，トリュフォー自身は，「映画はあくまで通俗化なので，私としては原作を先に読んで欲しい」と述べている．

突然炎のごとく

22 アデュー・フィリピーヌ
Adieu Philippine

ジャック・ロジエ監督

▶製作◎ジョルジュ・ドゥ・ボールガール，ジュリオ・スバリジア，ジュゼッペ・ヴァレンザーノ
▶脚本◎ミシェル・オグロール，ジャック・ロジエ
▶音楽◎ジャック・ダンジャン，ポール・マテ，マクシム・ソリ
▶出演◎ジャン=クロード・エミニ，ダニエル・デカン，ステファニア・サバティーニ，イヴリーヌ・セリ他
▶製作年等◎1962 年，フランス，106 分

ストーリー　テレビ局の収録が終わって，カメラ助手ミシェル（エミニ）と二人の少女リリアーヌ（セリ）とジュリエット（サバティーニ）が近くのカフェで話す．ミシェルは二人をデートに誘う．デートのためにミシェルは友達四人と新車を購入する．だがミシェルはもうすぐ兵役に就かなければならない．母はミシェルの兵役が心配でならない．二人の少女はCM会社社長パシャラに誘われてCM映画を撮るが，だまされて報酬が支払われない．やがて彼女たちはミシェルを取り合うようになる．ミシェルは兵役のことで頭がいっぱいで，彼女たちに真剣になれずにいる．ある日，ミシェルは撮影で大きなミスを犯し，仕事を干されてコルシカ島にヴァカンスに出かける．もちろん彼女たちも後を追う．三人はコルシカに来ていたパシャラを捕まえて支払いをさせようとする．兵役直前の貴重な時間だというのにとんでもないことになりそうだ…

＊ 2023 年にユーロスペースで開催された「みんなのジャック・ロジエ」特集より．
配給：エタンチェ，ユーロスペース

Michel : Alors Mesdemoiselles, ça vous intéresse
la télévision? Je donne des cours du
soir. Je pourrais vous prendre comme
stagiaires.
Juliette : Qui c'est qui est à l'intérieur?
Michel : C'est Maxime.
Liliane : Maxime quoi?
Michel : Maxime Saury.
Liliane : On peut pas entrer sur le plateau?
Michel : Bien sûr. Entrez avec moi.

ミシェル ：君たちテレビに興味があるの？ 夜間講
座をやってるんだ. 実習生にしてあげても
いいよ.
ジュリエット：誰が出てるの？
ミシェル ：マクシムさ.
リリアーヌ ：マクシムって？
ミシェル ：マクシム・ソリ.（有名なジャズのバンド・リーダー）
リリアーヌ ：スタジオのフロアには入れない？
ミシェル ：大丈夫. 僕と一緒に入って.

アデュー・フィリピーヌ

セリフの背景 　軽快なジャズに乗せてテレビの撮影風景が見える.
ロジエ監督もテレビで働いた経験があるという. その
分身とも言うべき主人公ミシェルはカメラ助手だ. テ
レビ局の入口に女性が二人いて中の様子を窺っている.
その時のセリフだ.

　こうして三人は知り合った. 招集礼状が来るまでの猶予は2カ月.
ミシェルは友だちと車を購入して遊ぶ. 家に帰ると兵役から戻ったい
とこのデデを交えて賑やかな食事が始まる. 車のことを家族に責めら
れ,「なんなら2カ月前に兵役に行こうか」とミシェルが切り出す. 母

親はその言葉を制止する．一瞬重苦しい空気が食卓を包む．兵役に行くまで束の間でいいから楽しみたい．ミシェルのような考えの若者は当時たくさんいただろう．映画はそうした暗い風潮における青春の一コマを切り取る．ジュリエットとリリアーヌは二人ともミシェルのことが好きになる．リリアーヌがアーモンドを割ってフィリピーヌ・ゲームを始める．

Liliane : Oh ! Deux amandes. On fait Philippine ?

Juliette : Qu'est-ce que c'est ce truc-là ?

Liliane : C'est celle qui demain matin dira la première « Philippine »
qui aura le plus de chance, si tu veux, avec Michel. D'accord ?

リリアーヌ　　：あら！種が二つね．フィリピーヌ遊びしない？

ジュリエット：それってどんなの？

リリアーヌ　　：明日の朝，最初に「フィリピーヌ」って言った方
　　　　　　　がミシェルと付き合えるのよ．いいわね？

　二人とも真剣だ．翌朝，飛び起きると同時に「フィリピーヌ」と叫び，顔を見合わせて大笑いする．だが誰にも時間の流れは止められない．残された猶予期間はどんどん過ぎて行く．そしてついにミシェルに召集令状が届く．四日後に出頭だ．港に車で向かう．長い間会えなくなると言うミシェルに，「あなたが好きよ」と気楽なリリアーヌ．たまらず次の言葉が飛び出す．

Michel : « Mais je t'aime moi, Michel ! ». « Je t'aime ». C'est tout ce
que vous savez dire !

ミシェル：「好きよ！」「愛してるわ．」それしか言えないのか！

ミシェルの言葉に吹き出す2人についに怒りが炸裂する．

Michel : Te marre pas ! Je t'interdis de te marrer ! On dirait deux
midinettes avec vos histoires. Ya quand même des choses
plus importantes, non ?

ミシェル：止めろ！バカ笑いすんな！ミーハー娘の恋みたいに．
　　　　　もっと大事なことがあるんじゃないのか？

◎文法のポイント▼ midinettes は話し言葉で「ミーハーな女の
子」．▼ Ya は Il y a の口語形．

　冒頭で，「アルジェリア戦争6年目 sixième année de guerre en Algérie」のクレジットが流れる．1954年アルジェリア民族解放戦線（FLN）が組織され武装蜂起が始まる．フランスは1956年に緊急事態法を成立させ，予備役を動員して兵力の増強をはかる．1960年にはアフリカ植民地が次々に独立を獲得し，以後フランスでもアルジェリア独立支持の世論が高まっていく．こうした時代背景を理解しておく必要がある．

　主演の三人には素人が起用された．撮影は終えたものの配給までになんと三年を要し，しかも興行成績は惨憺たるものだった．日本ではそもそも公開されていない．しかし批評家たちからはヌーヴェル・ヴァーグの傑作と評された。映画専門誌『カイエ・デュ・シネマ』138号は「ヌーヴェル・ヴァーグ」の特集を組み，『アデュー・フィリピーヌ』のヒロインたちが手を振っているスチール写真を表紙に掲載した．ジャック・ロジエ監督は寡作であり，これ以降は主にドキュメンタリーやテレビ映画で活躍した．

　いくつか記憶に残るシーンを挙げておこう．まずはテレビ局近くのメゾン・ドゥ・カフェだ．正面階段を上がった二階にカフェがあるというシャレた作りだ．タンゴのリズムに乗せて，ジュリエットとリリアーヌが60年初頭のパリの街角を歩く場面．何気ないシークエンスだがとても素敵だ．コルシカは音楽に溢れる島．リリアーヌが真面目な顔つきで別れを惜しんでダンスを披露する姿はとても印象深い．またパシャラを三人が追いかけるロードムービー風の展開も面白い．

　しかし何と言ってもラストである．ミシェルが船に乗り込むと，そこからはリアルタイムの映像になる．汽笛と手を振る二人の娘．コルシカ音楽とともにミシェルが岸壁を離れて行く．アデュー・フィリピーヌとはジュリエットとリリアーヌを Philippines に見立て，彼女たちへの「永久の別れ Adieu」を意味するのだろう．それはミシェルの未来を暗示している．

23 軽蔑
Le Mépris

ジャン＝リュック・ゴダール監督

▶ **製作**◎ジョルジュ・ドゥ・ボールガール，ジョセフ・ルヴィヌ，カルロ・ポンティ
▶ **原作**◎アルベルト・モラヴィア
▶ **脚本**◎ジャン＝リュック・ゴダール
▶ **音楽**◎ジョルジュ・ドルリュー，ピエロ・ピッチオーニ
▶ **出演**◎ブリジット・バルドー，ジャック・パランス，ミシェル・ピッコリ，フリッツ・ラング他
▶ **製作年等**◎1963 年，フランス・イタリア，103 分

ストーリー　イタリアの文豪アルベルト・モラヴィアの小説の映画化．ここはイタリアのチネチッタ（映画都市の意）．劇作家ポール（ピッコリ）はフリッツ・ラング監督の映画『オデュッセイア』を商業映画化しなければならず，そのことが片時も頭から離れない．それゆえ妻カミーユ（バルドー）との間にはすきま風が吹いている．打ち合わせの時にプロコシュ（パランス）はカミーユに一目惚れする．この横恋慕にポールが煮え切らない態度を取ったことで，とうとうカミーユは「Je te méprise. あなたを軽蔑するわ」と言い捨てる．

　カプリ島で撮影が始まる．カミーユはわざとプロコシュとのキスシーンをポールに見せつける．自分では決めずにカミーユに決断を求めるポールに腹を立て，カプリ島の青い海に飛び込み，ゆっくりと泳いで遠ざかる．もちろん物語はこれで終わりではない．乞うご期待．

写真協力：(財)川喜多記念映画文化財団

Camille　　　: Vous venez avec nous à Capri?
Fritz Lang : Chaque matin, pour gagner mon
　　　　　　　pain, je vais au marché pour
　　　　　　　vendre des mensonges. Et plein
　　　　　　　d'espoir, je me range à côté des
　　　　　　　vendeurs.
Camille　　　: Qu'est-ce que c'est?
Fritz Lang : Hollywood. Un extrait d'une bal-
　　　　　　　lade du pauvre B.B.
Paul　　　　: Bertolt Brecht?

カミーユ　　　　　：あなたもカプリ島へ来られるの？
フリッツ・ラング：毎朝，糧を得るために，私は市場へ
　　　　　　　　　行って嘘を売る．希望に溢れ私は売
　　　　　　　　　り子たちの間に並ぶ．
カミーユ　　　　　：どういうことです？
フリッツ・ラング：ハリウッドですよ．今は亡きBBの
　　　　　　　　　詩です．
ポール　　　　　　：ベルトルト・ブレヒト（BB）ですね？

 セリフの背景　映画の第一部はチネチッタで展開される．ポールと
カミーユの夫婦関係は，プロデューサーのプロコシュ
によって揺らぎ始める．ポールとカミーユはそれぞれ
見たい世界が異なる．そこからすれ違い，そして軽蔑
が生まれた．軽蔑の念は彼らに留まることなく，虚飾溢れる映画界に
も向けられる．そのことがわかるセリフだ．ドイツが生んだ名監督フ
リッツ・ラングが語るからこそ意味がある．
　第二部の舞台はカプリ島に移る．観客は映像の色合いが変わったこ
とに気づかされる．基調色は海の青，マラパルテ邸の赤，そして太陽
の黄色だ．単色が美しいカプリ島の自然の中で，ポールとカミーユの

心は崩壊を迎える．不思議なデザインのマラパルテ邸の屋上でカミーユが全裸で日光浴をしている．ポールがそれを見つける．

Paul　　　: Je t'ai vue tout à l'heure quand il t'a embrassé.

Camille : Je sais.

Paul　　　: Pourquoi est-ce que tu ne m'aimes plus ?

Camille : C'est la vie.

Paul　　　: Pourquoi est-ce que tu me méprises ?

Camille : Ça, je te le dirai jamais. Même si je devais mourir.

ポール　　：さっきプロコシュとキスしてたのを見たぞ．

カミーユ：わかってるわ．

ポール　　：なぜもう愛してくれない？

カミーユ：そんなもんよ．

ポール　　：なぜ軽蔑するんだ？

カミーユ：それだけは言えないわ．死んでもね．

カミーユは黄色いバスローブを投げ捨て，青い海に飛び込み，泳いでポールから離れて行く．すると彼女の書き置きがナレーションで流れる．

Camille : Cher Paul. J'ai trouvé ton revolver et j'ai enlevé les balles. Puisque tu ne veux pas partir, c'est moi qui m'en vais. Je profite de ce que Jeremy Prokosch doit rentrer à Rome pour partir avec lui. Après, j'irai vivre seule à l'hôtel, je pense. Je t'embrasse. Adieu, Camille.

カミーユ：ポール．銃を見つけたので弾は抜きました．あなたが離れないのだから私の方が発ちます．プロコシュがローマに帰るので，彼と一緒に行きます．今後はホテルで一人暮らしをすると思います．それじゃあ．さよなら．カミーユ．

◎文法のポイント◎▼ Même si je devais mourir. は直訳すると「たとえ私が死ななければならないとしても」の意味．▼ Puisque「～なので」は，お互いに了解している原因や理由について述べる．

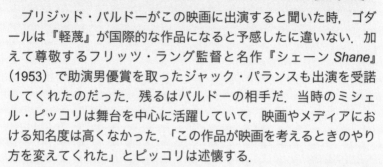

『軽蔑』について

　ブリジッド・バルドーがこの映画に出演すると聞いた時，ゴダールは『軽蔑』が国際的な作品になると予感したに違いない．加えて尊敬するフリッツ・ラング監督と名作『シェーン *Shane*』（1953）で助演男優賞を取ったジャック・パランスも出演を受諾してくれたのだった．残るはバルドーの相手だ．当時のミシェル・ピッコリは舞台を中心に活躍していて，映画やメディアにおける知名度は高くなかった．「この作品が映画を考えるときのやり方を変えてくれた」とピッコリは述懐する．

　ゴダールはバルドーの演技について，なるべく演出なしで，素のままのバルドーを受け入れようとした．そればかりか彼女のご機嫌をとろうと，たびたび得意の逆立ちをして見せたそうだ．監督業も大変である．映画の中で，ゴダールは師と仰ぐロッセリーニに敬意を表し，撮影所の映画館セットに『イタリア旅行 *Viaggio in Italia*』（1954）の看板を立てている．

　この映画の中で一人だけ居心地が悪そうなのがパランスだ．彼はバルドーをめぐってピッコリと恋の三角形を演じたのだが，ゴダールの撮影方法やバルドーのわがままにかなり困惑していたようだ．しかし考えてみれば，ゴダールが三角関係の危うさを表現するため意図的に欲求不満状態を作り出し，パランスのバランスを壊そうとしたのかもしれない．

　撮影を終え，編集も完了して，アメリカの配給会社に送られたところで，『軽蔑』はとんでもない展開を迎える．バルドーとピッコリが愛し合うシーンを入れろというのだ．こうしてあの冒頭シーンが代役を使って後日撮影され挿入された．この追加部分があることで，肉体的な愛情が精神的な軽蔑へと移っていく距離がずっとずっと遠くなってしまった．と同時に，フランスでは18歳未満入場禁止となり，その制限は1981年の再公開まで続いた．

24 幸福
Le Bonheur

アニェス・ヴァルダ監督

▶**製作**◎マグ・ボダール
▶**脚本**◎アニェス・ヴァルダ
▶**音楽**◎ジャン＝ミシェル・ドゥフェイ
▶**出演**◎ジャン＝クロード・ドルオ，マリ＝フランス・ボワイエ，クレール・ドルオ，
　　マルセル・フォール＝ベルタン他
▶**製作年等**◎1965 年，フランス，80 分

ストーリー

　フランソワ（ジャン＝クロード・ドルオ）はフォントネーの内装業者である．美しい妻テレーズ（クレール・ドルオ）と二人の子供がいる．週末に皆でピクニックに出かけ，摘んできた花を部屋に飾る．そんな幸福な家族であった．ある日，フランソワはヴァンセンヌの郵便局で局員エミリ（ボワイエ）に出会う．エミリは数日後フォントネーの郵便局に配置換えになる．フランソワは引っ越しの手伝いを頼まれる。こうしてエミリとの交際がスタートする．テレーズの静かな愛ではなく，積極的なエミリにフランソワは惹かれる．ある日，ピクニックをしている時にテレーズにエミリのことを告白する．テレーズの顔が一瞬曇る．草の上で愛し合いフランソワはそのまま眠ってしまう．ところがフランソワの運命はこの後大きく変わってしまう．観客は「幸福」とは何かをスクリーンを前にして考えさせられる．

写真協力：(財)川喜多記念映画文化財団

François : Voilà, je suis oncle une fois de plus. Ça fait combien ?

Emilie : Combien de neveux ou le prix ?

François : Le prix. Au compte c'est deux. Neveu et nièce, et deux enfants.

Emilie : C'est à vous les enfants ? Ça fait 40 centimes. C'est pas cher pour une famille.

François : Alors, on vous voit quand chez nous à Fontenay ?

Emilie : Début juillet. C'est presque tout de suite début juillet. Mais j'ai peur d'être un peu paumée.

幸福

フランソワ ：姪が生まれてまた叔父さんだ. 全部でいくらかな？

エミリ ：甥っ子さんたちの人数, それとも電話の料金？

フランソワ ：電話代だよ. 甥と姪で二人さ, 子どもも二人いるんだ.

エミリ ：あなたのお子さん？ 40 サンチームです. ご家族のためだと高くないでしょ.

フランソワ ：フォントネーでいつ会えますか？

エミリ ：7月初めよ. もうすぐね. でも知らない土地で不安なの.

▼

◎文法のポイント▼ j'ai peur de は「～が心配だ」. ▼ paumée は「困惑した」という意味.

セリフの背景

　黄色いひまわりの花がスクリーン一杯に広がる．季節は夏．ピクニックに出かけ花を摘んで，叔父夫婦に届ける．一見するとどこにでもある自然を愛する幸せな家族だ．しかし郵便局でフランソワが局員エミリに出会ったことで，彼の心はひまわりのように方向を変える．

　二人の交際はこうして始まる．「テレーズより前に会っていたら，君と一緒になっててたよ」とフランソワは言う．

François : C'est normal de dormir ensemble quand on s'aime. Mais je l'ai connue avant toi et je l'ai épousée. (...) J'ai de la joie pour vous deux. Le bonheur, ça s'additionne.

Emilie 　: Au fond, ça te plaît d'avoir deux femmes ?

François : Oui, peut-être. Mais je ne l'ai pas cherché.

Emilie 　: Nous, on ne se verra pas souvent.

François : C'est vrai, mais quand on se voit, c'est bien. Et après, on peut y penser. On est ensemble.

Emilie 　: Si je pense que tu es avec ta femme, c'est un peu désagréable.

フランソワ：愛し合う二人が一緒に寝るのは当然さ．でも妻とは先に出会って結婚したんだ．(…) 僕は二人とも好きだ．幸せは重なりあうんだ．

エミリ　　：二人の女性がいて嬉しいの？

フランソワ：たぶんね．求めていたわけじゃないけど．

エミリ　　：私たち頻繁には会えないでしょうね．

フランソワ：そうだね，でも会えればいいじゃないか．あとは思い出そう．僕らは一緒だから．

エミリ　　：でも奥さんと一緒だと思うと，ちょっと嫌だわ．

　公開当時，誠実さに意味はあるのか，幸福は得られるものなのか，いろいろ議論になった．幸福の一歩先とすぐ後ろには，いつも悲哀が見え隠れしているのかもしれない．

102

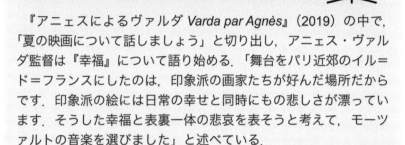

『幸福』について

　『アニェスによるヴァルダ *Varda par Agnès*』(2019) の中で,「夏の映画について話しましょう」と切り出し, アニェス・ヴァルダ監督は『幸福』について語り始める.「舞台をパリ近郊のイル＝ド＝フランスにしたのは, 印象派の画家たちが好んだ場所だからです. 印象派の絵には日常の幸せと同時にもの悲しさが漂っています. そうした幸福と表裏一体の悲哀を表そうと考えて, モーツァルトの音楽を選びました」と述べている.

　フランソワ役のジャン＝クロード・ドルオは当時テレビのスターだった. ヴァルダは彼に「奥さんとお子さんと一緒に映画に出てくれませんか」と頼む. 夫人は少し躊躇したが最終的に了承した. 型通りの家族の幸福を描きたかった. それには本当の家族しかないと閃いたのだろう. めぐり合わせを大切にするヴァルダ監督の発想だった.

　ヴァルダ自身が言うように, 映画における「色選び」は監督の秘やかな悦びに違いない. ピンク, 紫, 黄色の生花の横でテレーズがランプの傘を上げるシーンの背景には美しい青い壁がある. また生花の横に花柄の壁掛けがあり, 背景はベージュ色だ. フランソワの働く建具屋で, 皆が昼食休憩をとっている. 後ろには1965年に来日し, 人気者になったシルヴィ・ヴァルタンが真っ赤な服を着ている. ヴァルタンのブロンド髪はフランソワの二人の妻と同じ色だ.「ピクニックの色調は赤にしました」とヴァルダは言う. ラストシーンは黒でフェードアウトするのではなく, 夫妻はお揃いのひまわり色のセーター, 子供たちは赤のセーターを着て, 色づき始めた林の中に消えて行く. 夏はとうに終わっている.

　テレーズが悲劇に見舞われるシーンは印象的だ. フランソワは絶望の淵に突き落とされる. しかし絶望は一度ではなく波のように繰り返す. だからショットを反復して撮る必要があったのだとヴァルダは強調する. 色選びと反復ショット, これらはヴァルダの映画スタイルを示す良い例と言えよう.

㉕ マルチニックの少年
Rue Cases - Nègres

ユーザン・パルシー監督

▶**製作**◎ミシェル・ルレルグ，ジャン=リュック・オルミエール，アリス・レジ
▶**原作**◎ジョゼフ・ゾベル
▶**脚本**◎ユーザン・パルシー
▶**音楽**◎グルップ・マラヴォ
▶**出演**◎ガリ・カドゥナ，ダーリング・レジティミュス，ドゥタ・セック他
▶**製作年等**◎1983 年，フランス，103 分

ストーリー

　　　1930年代のマルチニック島．ジョゼ少年（カドゥナ）は祖母（レジティミュス）と小さな村に暮らしている．人々はサトウキビ畑の仕事でどうにか生活している．村の子供たちは中心都市のフォール・ドゥ・フランスに行くことを夢見ている．

　ある祭りの夜，男たちがラジア（le laggia）という踊りを踊っている．ジョゼは村の長メドゥーズ（セック）のところで，自分たちの祖国がアフリカであり，奴隷としてこの島に連れてこられたことを学ぶ．生活を良くするには学校で成功するしかない．ジョゼは一生懸命に勉強して給費試験の代表に選抜される．白い服を新調して面接試験を受け，見事に合格する．しかしまたしても不幸に見舞われる．「僕はこの黒人小屋通り Cases Nègres と一緒にフォール・ドゥ・フランスに引っ越すんだ」とジョゼは決意する．ジョゼは今の暮らしから抜け出すことができるのだろうか．

写真協力：(財)川喜多記念映画文化財団

104

> **José : Tous les jours je retrouvais Carmen, il travaillait sur le Yacht qui allait de Rivière-Salée à Fort-de-France. Fort-de-France, la ville qui fait rêver tous les enfants des villages.**
>
> ジョゼ：毎日僕はカルメンと会っていた，彼はサレ河からフォール・ドゥ・フランスまで行くヨットの上で働いていた．フォール・ドゥ・フランス，それは村の子供たち皆に夢を抱かせる街だ．

◎文法のポイント▼ le Yacht「ヨット」はアルバトロス号を指す.
▼ Fort de France はマルチニック県の小郡庁で 10 万人弱の街.

セリフの背景

映画はジョゼ少年の想い出の物語だ．ジョゼはカルメンに憧れを抱いていた．村の生活を抜け出し，フォール・ドゥ・フランスに住み，アルバトロス号で働いていたからだ．村に留まることは，すなわちサトウキビ畑で隷属的な生活を続けることに他ならない．そんな想い出がジョゼのナレーションとして語られるシーンだ．

脚本を担当した原作者ジョゼフ・ゾベルと監督ユーザン・パルシーは40歳以上の年齢差がある．だが問題意識は同じだ．ゾベルは小説の中で，30年代労働者の境遇を頭に描く，パルシーは80年代に起きた人種差別のことを考えていた．いずれにせよマルチニックの知識人は，より良い生活を求め，村を出て学業を成就させ，さらには島を離れなければならなかった．

村の長老メドゥーズはパルシー監督が最もお気に入りの役柄である．村祭りの夜のこと，小屋の中で煙草を燻らせながら，メドゥーズはジョゼに次のように語る．

Médouze : (...) **Tous les jours, tous les jours, le vieux Nègre parlait de ce pays. Ce pays s'appelait: Afrique. Le pays de mon papa, le pays du papa de ton papa. (...) Les hommes blancs nous ont chassés, attrapés avec des lassos, (...) ils nous ont amenés au bord de la grande eau. Et puis un jour, on nous a débarqués icite, on nous a vendus pour couper la canne de ces Blancs (...).**

メドゥーズ：「(…) 来る日も来る日も年老いた黒人は故郷のことを話すんじゃ．そこはアフリカと呼ばれとる．ワシの親父の故郷でお前の親父の親父の故郷じゃ．(…) 白人共はワシらを追い出して縄で捕らえ，(…) 海岸に連れて行ったんじゃ．ある日そこから船に乗せられ，あの白人たちのサトウキビを切るためにワシらは売られたんじゃ (…)」

　メドゥーズは自分たちのルーツがアフリカで，マルチニックには奴隷として連れて来られた．死んだ後は故郷のアフリカに戻っていくのだと伝える．真っ暗なスクリーンにメドゥーズの鋭い眼光だけが浮かび上がり，鬼気迫る顔と息を飲むような緊張感と共に語られる歴史がそこにあった．感動的なシーンである．

　メドゥーズが亡くなり，祖母を見取ったジョゼは，二人ともアフリカに戻って行ったのだと感じる．ジョゼの決意表明が続く．

José : **M'man Tine est allée dans l'Afrique de Monsieur Médouze. Demain, je vais partir pour Fort-de-France en emportant avec moi ma rue Cases-Nègres.**

ジョゼ：お婆ちゃんはメドゥーズさんのアフリカに行ってしまった．黒人小屋通りと一緒に．明日，僕はフォール・ドゥ・フランスに向けて出発する．

◎文法のポイント▼ icite はクレオル語で「ここ」の意味．isia, isiya とも言う．

『マルチニックの少年』について

　マルチニックは1946年にフランスの海外県になった．数年後，ジョゼフ・ゾベルが原作となる『黒人小屋通り *La Rue Cases -Nègres*』（1950）を出版した．ゾベルが小説に描いたのは1920年から34年であり，労働者や田舎の状況は本が出版された50年代よりもさらに一層厳しかった．

　ピラミッド社会の頂点には「クレオル系白人 Blancs créoles」が君臨し，その下に白人と黒人の「混血 Mulâtres」がいて，彼らに従属する黒人たちが底辺にいた．社会階層はこうした人種による図式に厳密に基づいていたのだ．たとえば映画の中で「ベケ béké」と呼ばれる初期植民者の子孫で，砂糖プランテーションを所有するオベルヴィルがいる．彼は事業利益のことしか考えず，工場管理者トライにいろいろな命令を出す．するとトライが労働者に厳しい条件を突きつける．トライはまた，息子のレオポルドが黒人の友達と遊ぶのを禁止するといった具合であった．

　1958年にマルチニックで生まれ，パリで映画学の博士号を取得したユーザン・パルシーは，ある日，母に勧められたゾベルの小説を読んで驚く．そしてすぐに映画化しようと考えた．その背景には1980年代の知識人たちによるマルチニック文化の再評価があった．しかしゾベルの小説とパルシーの知っているマルチニック社会の間には埋めることのできない50年の歳月がある．彼女は早速1930年代の歴史を勉強した．映画は軽快なマルチニック音楽を背景に，1930年代のセピア色の絵葉書で始まる．全編がセピアー色に染まっている．パルシーにとってもこの映画は，記憶の中のマルチニックなのだ．

　映画の中で主人公ジョゼの祖母を演じたダーリング・レジティミュスとメドゥーズを演じたセネガル人のドゥタ・セックだけがプロの俳優だった．映画はヴェネチア国際映画祭で銀獅子賞を受賞した．

マルチニックの少年

26 海辺のポーリーヌ
Pauline à la plage

エリック・ロメール監督

▶**製作**◎マルガレート・メネゴス
▶**脚本**◎エリック・ロメール
▶**音楽**◎ジャン=ルイ・ヴァレロ
▶**撮影**◎ネストール・アルメンドロス
▶**出演**◎アマンダ・ラングレ，アリエル・ドンバル，パスカル・グレゴリー，フェオ
　　　ドール・アトキーヌ，ロゼット他
▶**製作年等**◎1983年，フランス，95分

ストーリー

　ポーリーヌ（ラングレ）は年上のいとこマリオン（ドンバル）と一緒に，ヴァカンス客も少なくなり閑散としたノルマンディーの別荘にやって来た．アジサイの咲く庭で，マリオンはポーリーヌに恋愛について話す．マリオンは離婚手続き中だ．海辺でマリオンは昔の恋人ピエール（グレゴリー）に会う．そこへ民族学者のアンリ（アトキーヌ）がやって来て皆を食事に誘う．マリオンはアンリに魅かれる．ポーリーヌは同年代のシルヴァンが好きになる．アンリはキャンディー売りのルイゼット（ロゼット）とも関係していた．アンリはルイゼットとシルヴァンが付き合っていると嘘をつき，ピエールがそれをポーリーヌに話す．意気消沈したポーリーヌをピエールが食事に誘ってなぐさめる．映画のラストシーン．セーラー服のポーリーヌがパリに戻っていく．彼女はこの休暇の間に成長し，愛についても語ることができるようになっていた．

写真協力：(財)川喜多記念映画文化財団

Qui trop parole, il se mesfait.

「言葉多き者は災いをなす」.

▼

 セリフの背景　ヴァカンス終盤に近づきだんだん寂しくなってくるノルマンディーのとある別荘でのこと．スクリーンに木扉が映し出され，物語の教訓が浮かび上がる．中世フランスを代表する作家クレチアン・ド・トロワの『聖杯の物語 *Perceval le Gallois*』に出てくる古フランス語の格言だ．聖杯の騎士ペルスヴァルは，ある館の主人のこの忠告を守ったがゆえに，不幸を招くことになった．

　ロメール映画のヒロインたちは，恋愛をしてみたいが自分自身を変える勇気はない，だが新たな経験を求めている女性たちだ．ポーリーヌも年上のマリオンとアンリから大人の世界をいろいろ教わる．

Henri　：(...) Oui, je... j'aimerais qu'elle fut aussi libre que moi, aussi mobile, aussi légère, aussi transportable, sans bagages, quoi! Au physique comme au moral.

Marion：Mais elle avait sa fille!

Henri　：Moi aussi, je l'avais!

Marion：Oui mais ce n'est pas vous qui vous occupiez d'elle.

Henri　：Ah si. Enfin, c'est-à-dire que je l'ai élevée les deux premières années de sa vie. (...) Et vous, je crois que vous vivez seule d'après ce que vous avez dit, non?

Marion：Oui, mais pour moi ce n'est qu'un état d'attente.

Henri　：Attente de quoi?

Marion：Tout simplement de cette chose totalement imprévisible qu'est l'amour.

海辺のポーリーヌ

アンリ 　：（…）彼女にも僕と同じように自由で，お荷物のない，
　　　　　　身軽でいて欲しいんです！ 肉体的にも精神的にも.
マリオン：でも彼女には娘が！
アンリ 　：僕だって同じでした！
マリオン：でも世話をしていたのはあなたじゃないでしょう.
アンリ 　：いいえ，最初の2年は僕が育てたんです.（…）あなた
　　　　　　もお話の限りでは一人ですね？
マリオン：ええ，でもただ待ってる状態なんです.
アンリ 　：何をですか？
マリオン：全く予期できない，つまり愛です.

　大人たちの繰り広げる恋愛騒動に巻き込まれ，知らず知らずのうち
にポーリーヌは恋を疑似体験し，人生の可笑しみを知る. マリオンか
ら恋愛を一方的に聞いていたポーリーヌは，物語の進行とともに自ら
の恋愛観をマリオンやピエールに語り始める. 少し大人になったポー
リーヌだが，ラストでは到着した時と同じセーラー服とショートカッ
トの可愛い少女のままである.

Marion : (...) Mais toi, tu aurais tort de te désoler pour quelque
　　　　　chose qui n'est peut-être pas vrai.

Pauline : Je ne me désole pas.

Marion : Dis-toi que ce n'est pas vrai. Essaie de t'en persuader. Et
　　　　　moi, je resterai persuadée du contraire. Et comme ça, on
　　　　　sera contentes toutes les deux.

Pauline : Tout à fait d'accord !

マリオン 　　：（…）本当じゃないことを悲しむのはたぶん間違いよ.
ポーリーヌ：悲しまないわ.
マリオン 　　：嘘だと自分に言うの. 言い聞かせるの. 私は反対を
　　　　　　　　信じるわ. そうすれば二人とも満足でしょ.
ポーリーヌ：大賛成だわ！

　ポーリーヌの眼差しと心は，いつも未来に向けられており，それは
幸福の一つの姿と言える.

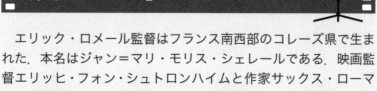

『海辺のポーリーヌ』について

　エリック・ロメール監督はフランス南西部のコレーズ県で生まれた．本名はジャン＝マリ・モリス・シェレールである．映画監督エリッヒ・フォン・シュトロンハイムと作家サックス・ローマーの名を合わせて，後にロメールと名乗るようになった．

　この作品が構想されたのは1950年代だった．その時点ではマリオン役にブリジット・バルドーを考えていたようだ．そうならなくて良かった！アンリとマリオンの大人の愛が前景化されてしまい，ポーリーヌの存在感はどこかに吹っ飛んでいただろう．ともあれ1981年にモン・サン・ミシェル湾に面した風光明媚なジュルヴィル Jullouville の別荘がロケ地に決まると，ロメールは一気に脚本を完成させ，1982年の夏が終わる頃に5週間で撮影した．

　ロメールの映画では，監督と俳優たちとの親密性の構築が何よりも重要とされる．そのためにしばしば知人や素人に出演を依頼して最少人数の出演者で撮影を行う．現場では経済性と協働性が尊ばれ，俳優自身が機材を運んだり，セットの手伝いをしたり，メイクもそれぞれで行う．この映画でも室内の装飾品は持ち寄りで，美術はロメールと撮影監督のアルメンドロスが担当した．

　ヴァカンス先進国のフランスでは，ヴァカンス中の出来事を題材にした映画が多い．ロメール監督はこの映画を皮切りに，『緑の光線 Le Rayon vert』（1986），『夏物語 Conte d'été』（1996）など，実際の避暑地でロケを行ってヴァカンス映画を撮っている。

　なかでも『緑の光線』は，内気なデルフィーヌが友人にヴァカンスを断られ，孤独に傷つきながらも，ついに幸福を見出すまでを描いた傑作だ。誰とも心を通わせることのできなかった彼女が，ビアリッツからパリに帰ろうとしていた時，たまたま出会った心の通じる男性と海辺に座り，日没後のわずかな時間に水平線に見える光を見つけ，思わず「見えた！」と喜びの声を上げる．緑の光線を見た者は，人の心が読めるようになるという．ヴァカンスには奇跡が起きるのだ．

海辺のポーリーヌ

汚れた血
Mauvais sang

レオス・カラックス監督

▶ **製作**◎ドゥニ・シャトー，アラン・ダアン，フィリップ・ディアス
▶ **脚本**◎レオス・カラックス
▶ **撮影**◎ジャン＝イヴ・エスコフィエ
▶ **出演**◎ミシェル・ピッコリ，ジュリエット・ビノシュ，ドゥニ・ラヴァン，ハンス・
マイヤー他
▶ **製作年等**◎1986 年，フランス，116 分

ストーリー
　　ハレー彗星の接近によって，愛のない性行為から
"STBO" と呼ばれる病気が伝染するという，なんとも
世紀末的な設定だ。

　　地下鉄の駅で，ジャンという男性が死ぬ。新聞は自
殺と報じるが，友人のマルク（ピッコリ）はアメリカ女に殺されたの
だと考える。マルクとハンスはアメリカ女から借金の返済を求められ，
そのために開発間もない "STBO" の特効薬を盗む計画を立てる。マ
ルクはジャンの息子アレックス（ラヴァン）を仲間に加える。アレッ
クスにはリーズという恋人がいたが，彼はマルクの愛人アンナ（ビノ
シュ）の美しさに魅了される。製薬会社から特効薬を盗み出すが警察
に密告される。リーズがアレックスを救い，自宅に連れ帰って匿う。
マルクたちはスイスに
高飛びを計画する。そ
して…

写真協力：（財）川喜多記念映画文化財団

Hans : Jean était le seul type avec des mains
　　　　assez rapides pour réussir.
Marc : Je sais, tu as raison.
Hans : « Langue pendue ».
Marc : Quoi?
Hans : Son fils. Alex, le fils de Jean. Jean et
　　　　Valérie l'appelaient « langue pendue ».
Marc : Ah oui, oui! Parce que justement c'était
　　　　un enfant qui parlait pas. Et même je me
　　　　souviens que pour le premier mot de sa
　　　　vie, Valérie avait eu peur qu'il soit muet.
　　　　Il sortait jamais un son.

ハンス：ジャンくらい手際のいい奴は他にいなかった．
マルク：その通りだな．
ハンス：「お喋り」はどうだ．
マルク：何だと？
ハンス：ジャンの息子アレックスさ．ジャンとヴァレ
　　　　リーは「お喋り」と呼んでた．
マルク：そうだったな！ ほんと口数の少ない子だった．
　　　　思い出したよ，最初の言葉を聞くまで，ヴァレ
　　　　リーは口がきけないんじゃないかって心配して
　　　　た．声一つ出さない子だったな．

◎文法のポイント▼ langue pendue は「立て板に水の如く口の達
　者な人」を言う．アレックスには実に皮肉なあだ名だ．

汚れた血

セリフの背景　　　物語の発端はこうだ．モンパルナス地区の地下鉄パ
スツール駅でジャンが死ぬ．マルクは新聞が自殺で片
づけていることに憤る．アメリカ女の手下が彼を突き
落としたからだ．マルクとハンスは，アメリカ女への
借金返済のために製薬会社を襲う計画を思いつく．

こうしてアレックスはマルクの計画に巻き込まれ，マルクの愛人アンナに魅かれていく．

ある日マルクが発作を起こす．アンナはショックで涙が止まらない．自分はホテルで寝るという．アレックスが彼女を抱いて通りを渡ってホテルに連れて行く．裏通りの風景に観客は眼を見張ることになる．黒という色をこれほどまでに美しく表現できる監督がいただろうか！アレックスがアンナに電話をかける．「おやすみを言おうと思って．寝る前にもう一度会いたいんだ」．ホテルの上階を見上げてアレックスが言う．

> Alex : Oui. Je te vois. Il faut que je te dise. J'ai le sentiment... si je passe à côté de toi, je passe à côté de tout. Pour très longtemps. Non c'est pas la vie, et peut-être si, je m'en fiche ! Mais c'est pas la vie, Anna. C'est toi que j'aime. Tu verras... je raccroche, oui.

> アレックス：ああ．君が見える．君に言わないといけない．もし君とすれ違ってしまったら，世界全体とすれ違うことになる．ずっと長くね．そんな人生は嫌だ，まっぴらだ．俺が愛しているのは君．君も今にわかる…じゃあ切るよ．

「世界全体とすれ違うことになる」とは！なんと素晴らしい字幕だろう．さらに記憶に残るシーンを挙げてみよう．パラシュートの練習シーンだ．失神したアンナを助けながらスカイダイビングする．パラシュートが開いて落ちて行く姿をカメラは上から撮影する．二人の体から放射されるパラシュートロープが，濃淡の異なる矩形^{けい}の麦畑と不思議なハーモニーを描いている．今度は，コバルトブルーのガウンを着たアンナがガラスの扉を開けて素足で通りに出る．目の前には灰色のペルシャ猫．幻想的で美しい映像だ．映画のラストで，アンナが飛行機のジェスチャーをして滑走路を駆けていく．彼女の右頬にはアレックスの「汚れた血」がついている．

　レオス・カラックス監督の場合，処女作『ボーイ・ミーツ・ガール *Boy Meets Girl*』（1984）の衝撃が忘れがたい．白黒映画の魅力を伝えつつ，アパルトマンでのパーティーやカフェのフリッパーで遊ぶアジア人のシーンは，ヌーヴェル・ヴァーグを意識させる．その一方で，ヒロインのミレーユを描く映像には無声映画へのオマージュが溢れている．カラーで撮られなかったことで，観客はセットや美術の色彩や細部を知りたいという欲求が増す．なんとも不思議な感覚に襲われる作品なのだ．たとえばセーヌ河岸でマイテが捨てたスカーフの色，ミレーユがデッド・ケネディーズのパンク・ミュージックに乗せて踏むタップ，アパルトマンの入口の構図などがそうだ．白黒であるがゆえに，モノの配置や配色が観る者の頭にイリュージョンのように浮かんでは消えていく．

　カラックスの「極限の愛とその果てに待ち受ける苦しみ」というテーマは，この『汚れた血』でも同じだ．ただしこちらはカラー映像である．ガラスの扉を開けてタバコを吸うアレックスが，落ち着いたシャンソンからデヴィッド・ボウイの『モダン・ラヴ』へと音楽が変わって，通りを一気に駆け抜けていく．口ずさむ歌に引き戻されて見ると，そこには美しいコバルトブルーのガウンを着たアンナがいる．今回はカラーの魅力をとことん見せつけられた思いだ．こんなに美しい作品を撮り続けるカラックスが寡作であるというはなんとも残念だが，うなづける気がする．

　ところで否が応でも観客の目に留まるのがドゥニ・ラヴァンの野性的な顔つきだ．タイトルの『悪い（汚れた）血 *Mauvais sang*』は詩人ランボーからの引用だ．紀元前から6世紀頃までフランスで独自の文化と言語を守ってきたガリア人の血統を意味している．フランス人のルーツとも言うべき彼らは，カエサル（シーザー）による征服の後にローマ文化を受容し，ついには自分たちの言語と文化を忘却し，フランス語を話すようになった．とはいえガリアの血は，脈々と今日まで受け継がれている．

27

汚れた血

115

28 仕立て屋の恋
Monsieur Hire

パトリス・ルコント監督

▶**製作**◎フィリップ・カルカソンヌ，ルネ・クライトマン
▶**原作**◎ジョルジュ・シムノン
▶**脚本**◎パトリス・ルコント，パトリック・デウォルフ
▶**音楽**◎マイケル・ナイマン
▶**出演**◎ミシェル・ブラン，サンドリーヌ・ボネール，リュック・テュイリエ，アンドレ・ウィルム他
▶**製作年等**◎1989 年，フランス，81 分

ストーリー

　　女性の遺体が発見される．仕立て屋のイール（ブラン）が容疑者として浮かんでくる．刑事（ウィルム）は，イールに前歴があり，人目を避けて生活しているのを知っている．イールの唯一の楽しみと言えば，向かいのアパートに暮らす若くて美しいアリス（ボネール）の生活を覗き見ることだった．

　アリスにはエミール（テュイリエ）という恋人がいた．イールの視線が気味悪くなったアリスはバルコニーに出てイールを睨み返す．そしてさらに彼の部屋にまでクレームを言いに行く．イールは殺人の秘密を目撃していたのだった．「通報したら君を失うことになるから警察には届けないよ」と言って，一緒に国外に逃げようとアリスを説得する．しかしアリスはエミールを愛している．物語はこの後どうなるのか．

写真協力：(財)川喜多記念映画文化財団

L'inspecteur : J'ai plusieurs questions à vous poser. Mais d'abord, ce que j'aimerais comprendre, c'est pourquoi les gens ne vous aiment pas?

Monsieur Hire : Vous avez raison, les gens ne m'aiment pas. Mais il est vrai, je n'aime pas les gens non plus.

L : Je ne trouve pas que ce soit une raison suffisante. Qu'est-ce que vous leur avez fait pour qu'ils vous détestent à ce point?

M : Rien. Justement. Je ne suis pas liant, ni amical et ça ne plaît guère. Les conversations s'arrêtent sur mon passage et reprennent dans mon dos. Ça ne me dérange pas. J'aime le silence et je ne suis pas bavard.

L : Vous êtes un drôle de type.

28

仕立て屋の恋

刑事 ：いくつも聞きたいことがある．どうして君は皆から嫌われているのか，まずそれを知りたい．

イール：おっしゃる通り，確かに嫌われています．でも私も皆が嫌いなんです．

刑事 ：十分な答えになってない．彼らにそこまで嫌われるようなことをしたのか？

イール：何も．私は社交的でも友好的でも，面白くもない．私を見ると会話を止め，私が通り過ぎると噂しています．でも気にしていません．黙ってます，お喋りじゃないので．

刑事 ：変わってるね，君は．

人を貶めようとする輩によって，時として悪意のあるイメージが巧妙に創出されることがある．空き地で22歳のピエレットの遺体がみつかる．刑事は周囲の噂からイールに疑いの目を向け，詰問するセリフだ．

イールが自分の性癖について語るシーンがある．イールはアリスと駅のレストランで昼食をとりながら話している．

> **Monsieur Hire :** J'aime beaucoup les gares. Celle-ci, surtout. Ya tellement à voir, tellement à rêver. Tenez, cet homme qui est arrivé trois quarts d'heure en avance et qui ne sait plus quoi faire de son temps. La vieille dame là-bas qui trouve pas son quai. Et cette jeune fille, qui va rejoindre son nouveau fiancé, à moins qu'elle vienne de quitter l'homme de sa vie, on ne sait pas. (...) J'adore observer les gens.

> イール：僕は駅が好きだ．特にこの駅がね．見るものが多いし想像が膨らむんだ．ほら，45分早く着いてしまい暇をもてあます男性．向こうではホームを見つけられない老婦人．婚約者と再会できるのを待つあの娘さん，ではなく，さっき連れ合いと別れたのかもしれない．（…）僕は人を観察するのが好きなんだ．

アリスと恋人のエミールは，イールが事件の夜も窓から眺めていたのかが気になっている．

> **Monsieur Hire :** (...) Si je l'ai vu en pleine nuit vous réveiller pour l'aider à se nettoyer du sang de Pierrette Bourgeois qu'il venait juste de tuer ? Et à cacher son imperméable tâché, c'est ça que vous voulez savoir ? (...)

> イール：（…）殺したばかりのピエレットの血を拭きとり，血のついたレインコートを隠すために，エミールが君を真夜中に起こしたのを僕が見ていたかどうか，そのことを君たちは知りたいんだろう？（…）

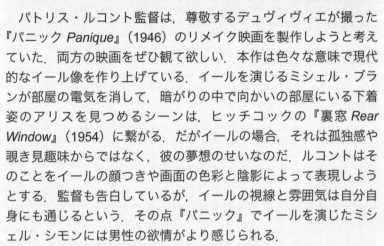

『仕立て屋の恋』について

　パトリス・ルコント監督は，尊敬するデュヴィヴィエが撮った『パニック *Panique*』（1946）のリメイク映画を製作しようと考えていた．両方の映画をぜひ観て欲しい．本作は色々な意味で現代的なイール像を作り上げている．イールを演じるミシェル・ブランが部屋の電気を消して，暗がりの中で向かいの部屋にいる下着姿のアリスを見つめるシーンは，ヒッチコックの『裏窓 *Rear Window*』（1954）に繋がる．だがイールの場合，それは孤独感や覗き見趣味からではなく，彼の夢想のせいなのだ．ルコントはそのことをイールの顔つきや画面の色彩と陰影によって表現しようとする．監督も告白しているが，イールの視線と雰囲気は自分自身にも通じるという．その点『パニック』でイールを演じたミシェル・シモンには男性の欲情がより感じられる．

　刑事役のアンドレ・ウィルムも重要な役柄だ．当初からイールに疑いを向け，まるで自分にも向けられたセリフのように「どうして君は皆から嫌われているのか」と尋ねる．ボーリング大会の後で，二人がカウンターで語るシーンがある．イールはいつものようにスーツ，刑事はラフなコート姿だ．「調書を見つけたぞ．わいせつ罪で半年の懲役だな．イールは偽名なのか」と尋ねる．イールは略称だと答える．観客は刑事と犯人が混在したような印象を受ける．それは刑事にも何か隠された部分があると感じてしまうからに他ならない．

　最後に，優しいけれど巧みにイールを裏切る女性アリスについて述べておこう．イールに会うために待ち伏せして，トマトを階段にばら撒く．不揃いで真っ赤なトマトがそれぞれ違ったリズムで階段をすべり落ちる．面白い演出だ．その後，アリスは部屋に戻って，恋人エミールと抱き合う姿をイールにわざと見せる．次にアリスはバルコニーに出て，手すりを掴んでイールを見つめ返し，最後にイールの部屋にやって来る．なんという周到な裏切り行為の準備だろうか．

28

仕立て屋の恋

119

29 ふたりのベロニカ
La Double Vie de Véronique

クシシュトフ・キェシロフスキ監督

▶**製作総指揮**◎リシャルト・フトコフスキ（ポーランド側），ベルナール＝ピエール・ギルマン（フランス側）
▶**脚本**◎クシシュトフ・キェシロフスキ，クシシュトフ・ピエシェヴィチ
▶**音楽**◎ズビグニェフ・プレイスネル
▶**出演**◎イレーヌ・ジャコブ，ハリナ・グリグラシェフスカ，フィリップ・ヴォルテール，サンドリーヌ・デュマ他
▶**製作年等**◎1991年，フランス・ポーランド，98分

ストーリー

　ポーランド側のベロニカ（ジャコブ）は，ピアノ科の学生で歌手になるのを夢見ているが，この世にもう一人の自分がいるとも感じている．デモの争乱の中，もう一人のベロニカ（ジャコブの二役）が観光バスに乗り込むのを見た．彼女は声楽レッスンからの帰りに突然胸の苦しみを覚える．そして演奏会の時に心臓発作で帰らぬ人となる．

　フランス側のベロニカは，恋人と愛を確かめ合うのになぜか涙が止まらない．そこへ見知らぬ郵便が届く．中にはカセットテープ．音源を頼りにカフェを見つけ，童話作家ファッブリ（ヴォルテール）と知り合う．ファッブリはベロニカを呼んだ理由を説明する．そしてポーランド旅行の写真を見せると，その中にベロニカが写っていた．観客の心に神秘的な感覚を残す作品だ．

写真協力：(財)川喜多記念映画文化財団

Véronique : Ça fait longtemps que vous attendez?

Alexandre : 48 heures. Peut-être plus. Mais ça valait la peine. Je vous demande pardon.

Véronique : Pourquoi?

Alexandre : J'ai eu peur que vous ne veniez pas.

Véronique : J'avais peur que vous ne soyez pas là.

Alexandre : Il fallait que je sois là. Je vous aurais encore attendue deux jours... ou trois. Je voulais vérifier. Je voulais voir si c'était possible.

....

ベロニカ　　　　　：ずいぶん待ちましたか？

アレクサンドル：48時間かな．たぶんもっと．でもその甲斐がありました．あなたには謝らなければ．

ベロニカ　　　　　：どうして？

アレクサンドル：あなたが来ないと思いました．

ベロニカ　　　　　：私もあなたがいないのではと思っていました．

アレクサンドル：私はいなくてはなりませんでした．でないとあなたをさらに2，3日待たせることになりましたから．証明したかったんです．こんなことがあり得るのかを見てみたかった．

ふたりのベロニカ

▼

◎文法のポイント▼ Ça fait longtemps que は「ずっと前から」という成句表現．▼ ça valait la peine は「苦労の甲斐があった」という意味．▼ avoir peur que「〜ではないかと思う」や Il fallait que「〜ねばならなかった」の後では，動詞が接続法 veniez, soyez, sois になる．

二人のベロニカの不思議な因縁は，童話作家ファッブリによって解き明かされる．始まりはベロニカの元に届いた差出人不明の一通の郵便だった．中にはポーランドのベロニカが声楽試験の時に持っていたヒモが入っていた．また郵便が届く．今度は葉巻の空箱だった．そして次の小包にはカセットが入っていた．ヒモや空箱から録音へと，因縁が視角から聴覚へと変化していく．早速カセットを再生すると，ドアや車の音，歌声，事故の音，そして「シェルブール発の列車は19番線に到着します」という駅のアナウンスが聞こえた．郵便物はサン・ラザールで投函されていた．ベロニカはサン・ラザール駅に行き，カセットの音に近いカフェを見つける．するとファッブリがテーブルに戻って来た．上のセリフの背景はこんなだった．

　しばらくしてファッブリは，ベロニカを選んだ理由を説明し始める．すると彼女もこんな風に答える．「私はずっと前から，この場所と別の場所に同時にいるような気がしていたの．説明できないわ．でもわかるの…何をすべきか，いつも感じるのよ」．不思議なことに，フランスのベロニカは，ポーランドのベロニカと同じように，指輪で目の下をこする仕草をする．ファッブリはデモの写真を見せて「これは君だね」と聞く．「私じゃないわ，服が違うもの」と答えるが，ベロニカは涙が止まらない．

　ある日，ベロニカはファッブリの工房で二体の人形を見つける．すると今度は彼が不思議な物語を語り始める．

　「1966年11月23日は，彼女たちにとって最も大切な日になった．その日の午前3時に，2人の女の子が別々の町で生まれた（…）」．話し終えるとファッブリはベロニカにこう言うのだった．

　　　Alexandre : Ça te plaît? Ça pourrait s'appeler « la double vie de...
　　　»... Je sais pas quel nom je vais leur donner.
　　　アレクサンドル：気に入った？ この話のタイトルは「二人の〜」
　　　　　　　　　　　になるだろうね（…）でも彼女たちにどんな名
　　　　　　　　　　　前をつけていいのか，僕にはわからないんだ．

『ふたりのベロニカ』について

　全体が98分の映画だ．ポーランド側のベロニカが心臓発作で帰らぬ人となり埋葬される29分あたりまではポーランド語の映画だ．クシシュトフ・キェシロフスキ監督は1941年ワルシャワで生まれた．ワイダやポランスキーといった名監督を輩出したウッチ国立映画大学に入学し，ドキュメンタリー製作を始めた．1980年代に検閲や統制が厳しくなるとフランスに渡り，『トリコロール *Trois Couleurs*』（1993-4）三部作を撮った．そして1996年，ベロニカの運命に寄り添うように，心臓発作により54歳の若さで死去した．

　『ふたりのベロニカ』は，音楽についての映画だと監督自身が述べている．確かにこの映画は音楽に満ちている．ポーランドのベロニカが天に召される時は，ダンテの『神曲』（天国篇）の古イタリア語が映像空間に木霊していた．「おお　そこにたたずむ者たちよ　小さな舟に乗る者たちよ　私の歌が聴きたくて　ついて来た者たちよ」．音楽が二人のベロニカの運命を分けた．死へと向かったポーランドのベロニカと，音楽を捨て真の愛に生きようとするフランスのベロニカである．このシーン以降はフランス語の映画に変わる．

　当初は主演に別の女優を考えていたようだ．しかし契約の問題から起用できなくなり，急遽ベロニカの年齢を変更し，1966年パリ近郊で生まれたイレーヌ・ジャコブに白羽の矢を立てた．彼女は両親の関係で18歳までスイスで住んでいて，ジュネーヴ音楽学院に通っていた．後にパリに戻って，ルイ・マル監督が撮った『さよなら子供たち *Au revoir les enfants*』（1987）の中，でピアノ教師として銀幕デビューした．ジャコブは映画でミステリアスな二人のベロニカを見事に演じ，カンヌ国際映画祭主演女優賞を受賞した．

　キェシロフスキは『ふたりのベロニカ』の全編を通して深い黄色のフィルターを使って撮影した．とくに若者たちのデモのシーンがわかり易い．そこに込められた意味は何だったのだろうか？

ふたりのベロニカ

30 サルサ
Salsa

ジョイス・シャルマン・ブニュエル監督

▶ **製作総指揮**◎アイッサ・ジャブリ，ファリド・ラウアサ，マニュエル・ムンツ
▶ **脚本**◎ジョイス・シャルマン・ブニュエル，ジャン=クロード・カリエール
▶ **音楽**◎ユリ・ブエナベントゥーラ，シエラ・マエストラ，ジャン=マリ・セニア
▶ **出演**◎クリスティアーヌ・グ，ヴァンサン・ルクール，カトリーヌ・サミ，エステバン=ソクラテス・コバス=プエンテ他
▶ **製作年等**◎2000年，フランス・スペイン，100分

ストーリー

　クラシックピアニストのレミ（ルクール）はラテン音楽に魅了され，ピアノ奏者としての輝かしい未来を捨て，ムラン・ルージュ界隈にあるクラブでサルサの世界に飛び込もうとする．しかし容姿が違うとあっさり断られ，キューバ人バレート（コバス=プエンテ）を紹介される．レミはバレートの家に居候し，肌と髪の色を変え，モンゴという名でサルサに打ち込む．サルサのレッスンで知り合ったナタリー（グ）は，保守的な美女である．ところがサルサを通して，しだいにセクシーな女性に変身していく．レミは，バレートがキューバの伝説的な作曲家で，投獄の経験があること，さらにナタリーの父親が，バレートと祖母レティ（サミ）の子供だったことを知る．ナタリーがサルサに魅かれたのはキューバの血だったのだ．こうしてレミとナタリーはキューバ音楽を介して結ばれる．

写真協力：(財)川喜多記念映画文化財団

124

Rémi : Je joue pas bien?

Felipe : Non, jouer toujours génial mon vieux.
　　　　（...) Mais, une chose c'est jouer en privé
　　　　chez nous, mais jouer dans un groupe
　　　　cubain comme Sierre Maestra.

Rémi : Quoi? Moi, je vois pas la différence!

Felipe : Tu vois pas la différence? Tu vois pas la
　　　　différence? Venez avec moi, regarde-toi
　　　　dans la glace. Qu'est-ce que tu vois?
　　　　Hein? La couleur! C'est vanille! Vanille!
　　　　Les gens qui aiment ici aiment le
　　　　« chocolate », chocolat!　（...)

レミ 　　：演奏がダメなのかい？

フェリペ：演奏はいつだって最高さ．だがなアマで弾
　　　　　くのと，シエラ・マエストラのキューババンド
　　　　　で弾くのとは別もんだ．

レミ 　　：どういうこと？ 僕には分からないけど！

フェリペ：分からんか？ 分からんなら来てみろ，鏡を
　　　　　見ろ．何が見える？ どうだ？ 肌の色だ！ バ
　　　　　ニラ色！ お前のはバニラだ！ ここじゃチョコ
　　　　　レート色が好かれてるんだ！

▼

◎文法のポイント▼ chocolate はフェリペのフランス語で，彼は
語末の -t を発音する．

セリフの背景　　衝撃の始まりである．演奏会でショパンの練習曲12
番ハ短調「革命」を見事に弾いていたレミは，突然演奏
を止めてサルサを弾き始める．先生から破門されたレミ
は，クラシックを捨ててキューバ音楽の道を選ぶ．その
ことを友人のフェリペに告げる．大笑いしたフェリペに対してのセリフ

だ.

　肌の色は如何ともしがたい．いやそんなことはない．レミは化粧をしてチョコレート色顔になる．しかし心までキューバ人になるには…

> Rémi　 : Mais comment tu fais, là? Hein? Comment tu fais pour être
> 　　　　heureux, comme ça, tout le temps?
>
> Felipe : Heureux? Et tu penses ça? Mira, Rémi! Si tu veux être le
> 　　　　Cubain que les gens veulent connaître, cache ta douleur
> 　　　　derrière ton sourire. (...)
>
> レミ　　 : どうしてるんだい？ なぜいつもそうやってハッピーで
> 　　　　いられるんだい？
>
> フェリペ : 幸せだと？そう思うか？ いいかレミ！ ホントのキュ
> 　　　　ーバ人になりたいのなら，苦しみは笑顔の後ろに隠す
> 　　　　んだぞ．(…)

　レミの素朴な質問に，いつもは陽気なフェリペが真顔で答え，レミの肩を叩き「頑張れ」と励ます．

　この後，紆余曲折あってレミは元々のバニラ色の肌を取り戻す．ダンス競技で決勝進出が決まり，ナタリーに声を掛ける．ラストに近いシーンだ.

> Nathalie : Dis donc, t'as changé!
>
> Rémi　　 : Oui, oui, un petit peu. Je voulais juste...
>
> Nathalie : Tu voulais quoi? (...)
>
> Rémi　　 : Que je m'en vais. Je m'en vais. Je voulais juste te dire
> 　　　　adieu.
>
> ナタリー : あらまあ，変わったわね！
>
> レミ　　 : ああ少しね．実は…
>
> ナタリー : どうしたの？（…）
>
> レミ　　 : ここを出て行くんだ．だからさよならが言いたくて.

レミはパリを離れ，ついにキューバに行くのだった.

126

◎文法のポイント▼ Mira はスペイン語で相手の注意を引くための言い方.

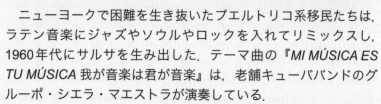

『サルサ』について

　ニューヨークで困難を生き抜いたプエルトリコ系移民たちは，ラテン音楽にジャズやソウルやロックを入れてリミックスし，1960年代にサルサを生み出した．テーマ曲の『*MI MÚSICA ES TU MÚSICA* 我が音楽は君が音楽』は，老舗キューババンドのグルーポ・シエラ・マエストラが演奏している．

　ニューヨーク出身で1960年からパリ在住のジョイス・シャルマン・ブニュエル監督は，この映画で世界中に存在する「ゼノフォビ xénophobie 外国人嫌い」を音楽を使って糾弾したかったと述べる．キューバ音楽とダンスは，チョコレート色の人たちの専売特許という偏見だ．キューバの血が流れていたことで，まるでフランス人であることを汚されたかのように落胆するナタリーの父親．そんな偏見に対して，この映画は本来の自分を見つめ直し，国家と言語，民族や人種さえも関係なく，自分らしく生きることの大切さを教えてくれる．

　世紀の変わり目である2000年夏を彩るにふさわしい境界横断的なラテンパワーに満ちた作品だ．舞台はパリなのに登場人物はキューバ人である．サルサとダンスの楽しみは言うまでもなく，とくに面白いのは最後のどんでん返しだ．主人公たちはそれぞれに「見かけ」と「中身」の逆転を経験する．だがそれによって彼らは「本来の自分」に目覚めていくのだ．

　サルサの軽快なリズムに身を委ねて体を動かすうちに，ナタリーの内部で化学変化が起き，本当の自分に目覚め，堅苦しいブルジョワ感覚を脱ぎ捨てる．モラルという名の薄皮をスルリと剥がしたのは，サルサ音楽とダンスの持つ魔力だった．

　一方のレミが脱いだのは，ショパンに代表される，がんじがらめのクラシック音楽の薄皮だった．ラテンの女神に魅せられ，自由な音楽に生きる道を選んだ天才ピアニストのレミは，現世のパラダイスとも言うべきキューバに向かう．そこはサルサに身を任せ，体を寄せ合って踊る，音楽愛に溢れる天国なのだ．

31 女は みんな生きている

Chaos

コリーヌ・セロー監督

▶ **製作**◎クリスティーヌ・ゴズラン，アラン・サルド
▶ **脚本**◎コリーヌ・セロー
▶ **出演**◎カトリーヌ・フロ，ラシダ・ブラクニ，ヴァンサン・ランドン，リヌ・ルノー 他
▶ **製作年等**◎ 2001 年，フランス，109 分

ストーリー

　エレーヌ（フロ）はごく平凡な主婦．夫のポール（ランドン）は彼女を家政婦としか思っていない．ある夜のこと，車を走らせていると血まみれの娼婦ノエミ（ブラクニ）が叫びながら車の方へ走ってくる．ノエミは二人に必死に助けを求めたのだが，ポールは面倒なことに巻き込まれるのを恐れて，車を走らせてその場から立ち去る．しかしエレーヌはノエミのことが心配で，たまらず病院に行き，やがて彼女の介護をするようになる．甲斐あってノエミはしだいに回復する．話ができるようになったノエミは自分の生い立ちを語る．ノエミと関わるうちに，エレーヌは自分自身が救われていることに気づく．それは平凡な生活と身勝手な夫からの自立を意味していた．こうしてノエミとエレーヌは，それまでの人生に対する反抗を計画し，それを実行に移すのだった．

CHAOS (2001), directed by COLINE SERREAU., クレジット:LES FILMS ALA IN SARDE/ENILOC/FRANCE 2 CINEMA/Album/共同通信イメージズ

Hélène : Je ne suis pas allée les voir, j'ai été voir
la fille à l'hôpital. J'ai dit que j'avais
assisté à son agression alors les flics
m'ont interrogée.

Paul : Quel hôpital ? T'es complètement
cinglée. T'es allée voir cette fille à
l'hôpital ? Mais qu'est-ce que tu en as à
fiche d'elle ?

Hélène : J'en ai rien à fiche ! Elle va peut-être
mourir, je sais pas pourquoi je...

Paul : Mais qu'est-ce que tu as été raconter
aux flics ? Tu déjantes complètement.
Tu sais ce qu'on risque ?

エレーヌ：警察に行ったんじゃなくて，あの娘に会い
に病院へ行ったの．それで暴行の現場にい
たと話したら警察に尋ねられたのよ．

ポール ：どこの病院なんだ？ バカじゃないか．あの
娼婦に会いに病院へ行ったのか？ 彼女な
んかドウデモいいじゃないか？

エレーヌ：ドウデモよくないわ！ 彼女死にそうなのよ，
どうしてもね．

ポール ：警察へ何を話しに行ったんだ？ ほんとにイ
カレてるぞ．リスクがわかってるのか？

女はみんな生きている

◎文法のポイント▼ cinglé は話し言葉で「頭が少しおかしい」の
意味．▼ en avoir rien à fiche de ～「～はどうでもいい」は se
ficher de ～の話し言葉の形．▼ déjanter は話し言葉で「頭が変
になる」．一連の言葉遣いから，ポールがエレーヌを見下してい
るのが，よくわかる．

ポールはフロントガラスに乗って助けをもとめた血だらけの娼婦ノエミを見捨てたばかりか，セリフからもわかるように，ノエミのことを心配するエレーヌの気持ちまで踏みにじり，自分に火の粉が降りかかることだけを心配して，如何なるリスクも負いたくないと考えている．こんな亭主に見切りをつけるのは当然だ！ポールはエレーヌの気持ちを全く理解できない憐れむべき習い性の持ち主なのだ．

ノエミは治療の甲斐あって，何よりもポールの母から心優しいもてなしを受けて，失われた声を取り戻し，故郷での父権社会の恐怖と移民たちの貧困について語り出す．

Mon père 52 ans, il était ouvrier dans le bâtiment à Paris. Il avait un passeport français et un salaire correct. Leur mariage avait été arrangé. Il avait donné 10000 francs au père de ma mère. À Paris, il vivait avec une autre femme, il avait 2 enfants d'elle. Il revenait à Alger tous les deux ans, pendant un mois, pour faire un enfant à ma mère. (...)

父は52歳でパリのビルで働いてた．フランスのパスポートを持っていて給料もまずまずだったわ．結婚は親が取り決めたの．父は母の父親に1万フランを渡したのよ．父はパリで別の女性と暮らし，二人子供がいたわ．2年毎に1カ月間，子どもを作るためにアルジェに帰国してたの．（…）

パリに来てからの監禁と調教，売春と麻薬という彼女の悲惨な過去の記憶が続く．ノエミは自分の声を取り戻すと，吹っ切れたようにエレーヌと一緒になって社会の抑圧と差別に対して立ち向かう．そして目的が達成されると，ノエミは再び優しい老女の元にやって来る．ポールは自分の母がノエミと知り合いだったことに驚く．

全員が裏庭のベンチに座って静かに時を過ごす．カメラは開け放たれた窓から彼らの後ろ姿を静かにそしてゆっくりと映す．新緑の海に四つの小さな背中が浮かび，その先にうす青色の空が広がっている．カオスは去った．とても素敵なラストだ．

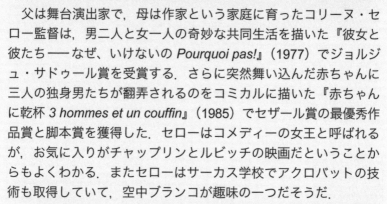

『女はみんな生きている』について

　父は舞台演出家で，母は作家という家庭に育ったコリーヌ・セロー監督は，男二人と女一人の奇妙な共同生活を描いた『彼女と彼たち——なぜ、いけないの *Pourquoi pas!*』（1977）でジョルジュ・サドゥール賞を受賞する．さらに突然舞い込んだ赤ちゃんに三人の独身男たちが翻弄されるのをコミカルに描いた『赤ちゃんに乾杯 *3 hommes et un couffin*』（1985）でセザール賞の最優秀作品賞と脚本賞を獲得した．セローはコメディーの女王と呼ばれるが，お気に入りがチャップリンとルビッチの映画だということからもよくわかる．またセローはサーカス学校でアクロバットの技術も取得していて，空中ブランコが趣味の一つだそうだ．

　この映画ではフランス社会のいろいろなカオスが切り取られている．娼婦，家族，移民，マフィアである．セローは，この映画の中で，「混沌としている世の中から秩序が生まれてくるという希望を描こうとした」と述べている．それが如実に現れるのは，女性たちが「NO」と言い出した瞬間だ．その時，新たな自分が始まり，新しい秩序が生まれた．女性たちが人種や階級を超え，女性を蔑ろにする男性社会に挑戦して平等な秩序を再構築しようとする．上流階級でなに不自由ない生活を送っていたエレーヌは，ノエミとの出会いによって夫からの抑圧にNOと言う．ノエミも移民たちの悲惨な境遇にNOを突きつけて反抗する．

　娼婦役を演じたラシダ・ブラクニは，この映画でセザール賞の最有望若手女優賞を受賞した。ブラクニはソルボンヌ大学歴史学部で学び，1998年に国立高等演劇学校に入学した．それだけではない！彼女は200メートル走のフランス代表選手として活躍したアスリートなのだ．確かにマフィアから逃げる時のフォームが素晴らしい！しかも夫は，俳優兼監督として有名になったサッカーフランス代表フォワードのエリック・カントナだというのだから驚いてしまう．

女はみんな生きている

㉜ スパニッシュ・アパートメント

L'auberge Espagnole

セドリック・クラピッシュ監督

▶**製作**◎ブリュノ・レヴィ
▶**脚本**◎セドリック・クラピッシュ
▶**音楽**◎ロイク・デュリ
▶**出演**◎ロマン・デュリス，オドレイ・トトゥ，ジュディット・ゴドレシュ，セシル・ド・フランス他
▶**製作年等**◎2002 年，フランス・スペイン，122 分

ストーリー

　グザヴィエ（デュリス）は経済学を勉強しているが本当は作家になりたい．父親のコネで就職面接を受ける．全ての発端は父の友人が言った言葉だった．「欧州は新しい仕組みになって仕事が増える，だからスペイン経済で修士号を取るのがいい」．

　グザヴィエはこの忠告を信じて，エラスムス・プログラムでバルセロナ大学に留学する．アパート探しで苦労している時に精神科医夫婦に世話になる．彼が見つけたのは，イギリス，ドイツ，イタリア等の学生たちが「まぜこぜのアパート Spanish Apartment」だった．それぞれの学生がお国柄を表象しているのを見て，笑ってしまうこと受け合いだ！グザヴィエは精神科医の妻アンヌ・ソフィ（ゴドレシュ）が好きになる．混沌としたアパートでの生活と不倫を経験するグザヴィエの行く末はどうなるのか．パリに置いてきぼりにされた恋人のマルティーヌは…

L'AUBERGE ESPAGNOLE (FR/SP 2002) ROMAIN DURIS, AUDREY TAUTOU L'AUBERGE ESPAGNOLE (FR/SP 2002) ROMAIN DURIS, AUDREY TAUTOU PIcture from the Ronald Grant Archive L' AUBERGE ESPAGNOLE [FRANCE 2002] right AUDREY TATU　Date: 2002、クレジット：Ronald Grant Archive/Mary Evans/共同通信イメージズ

Isabelle : Ça doit être super déstabilisant d'être tout le temps comme ça entre deux langues.

Xavier : Mais c'est pas la même chose en Belgique avec le flamand et le...

Isabelle : Le wallon? Non ça n'a rien à voir. Moi, par exemple je suis Wallonne, je parle pas flamand. Quand je vais en Flandres je me fais passer pour une Française. Alors ils me parlent en français.

(Xavier parle en espagnol au téléphone et termine son appel.)

Xavier : C'est génial ! J'ai trouvé un appart'.

Isabelle : C'est cool !

スパニッシュ・アパートメント

イザベル ：いつも二つの言語の間で生活するのは，きっと超不安定よね．

グザヴィエ：ベルギーも同じじゃない，フラマン語と…

イザベル ：ワロン語？ 全然ちがうわ．私はワロン人でフラマン語は話せない．フランドル地方に行ったらフランス人で通すの．そしたらフランス語で話してくれるもの．

(グザヴィエはスペイン語で話して電話を切る.)

グザヴィエ：やった！ アパートが見つかった.

イザベル ：やったね！

▼

◎文法のポイント▼ entre deux langues「二つの言語間」とはバルセロナのカタルーニャ語とスペイン語のこと．▼ le wallon「ワロン語」はフランス語圏ベルギーのフランス語方言で，le flamand「フラマン語」はオランダ語圏ベルギーのオランダ語の方言．

アラベスク音楽が聞こえる．スクリーンではタイトルクレジットと言語が世界の分断を表し，分割された枠の中に国旗と名前が次々に表示されていく．それぞれの出演者が各国を代表しているわけだ．面白い出だしである．

母親に心配されつつバルセロナに到着したグザヴィエが仲良くなったのは，フランス語圏ベルギーの留学生イザベルだった．歩きながら二人が交わしたのが先のセリフだ．バルセロナではカタルーニャ語とスペイン語が用いられ，ベルギーでもフラマン語とワロン語が話されている．一つの国が言語によって分断されていると言いたいのだ．

グザヴィエは空港で知り合った精神科医の妻アンヌ・ソフィと親しくなる．監督も言うように，平凡極まりないグザヴィエがブルジョワのアンヌ・ソフィと出会い，互いに魅かれたのは，二人とも異国で生きる不安を感じていたからだ．

タイトルの L'auberge espagnole「スペイン宿」は，俗語で「まぜこぜ」の意味．グザヴィエのアパートは国籍の違う7人の学生が一つ屋根の下で暮らす．映画もラストに近づいていくあたりで事件が起きる．デンマーク人ラルスの恋人アンナが赤ん坊を連れて突然やって来た．自分の子を見てうろたえるラルス．ソレダに怒られ意気消沈してグザヴィエとソファに座る．グザヴィエの次のセリフは，学生たちの茫漠とした不安の核心を上手く突いている．

Xavier : Je sais pas pourquoi ma vie a toujours été un tel bordel. Elle a toujours été compliquée, mal foutue, pas rangée, ... en vrac. Les autres, j'ai l'impression, ont une vie plus simple, plus cohérente, plus logique, quoi.

グザヴィエ：なぜだか僕の人生はいつも混乱続きだ．いつも複雑で悲惨で無秩序で…バラバラなんだ．他の人はもっとシンプルな人生で，一貫していて論理的に見える．

共同アパートの住人たちは，全員，大人になる直前の一年間を異国で過ごし，迷いの只中にいるのだった．

『スパニッシュ・アパートメント』について

　セドリック・クラピッシュ監督は裕福な家庭で育ち，ニューヨーク大学で映画学を学んだ．彼はこの映画の中でバルセロナという街の風景を見事に映像化している．場末の狭い路地，芸術的な広場とグエル公園，共同アパート，そして居酒屋バルである．その場所で物語が紡がれていく．合間に挿入される風景がなんとも美しい．クラピッシュによれば，レンズと俳優の垣根が低くなって，よりリアルな被写体をデジタル映像化できたのは，ソニーのHD24pカメラのおかげだという．

　映画の背景には「エラスムス計画」がある．ヨーロッパ内で留学生を交換し，大学間の人的交流を活発化させるため1987年に欧州委員会が導入した計画だ．こうして学生たちは様々な国からバルセロナに集まった．エラスムスによってバルセロナの共同アパートには，言語・文化・歴史の違いを乗り越えたユートピア的ヨーロッパ人が誕生したように思える．スペイン語，フランス語，英語等が飛び交うスパニッシュ・アパートメント空間だ．しかしクラピッシュはユートピア的発想よりも，むしろそれぞれの国に対する先入観やステレオタイプを認めつつ，冷静なカメラで彼らを映し出そうとしている．そのことが分かるシーンをいくつか挙げてみよう．

　言葉と心が噛み合わない愛すべきイギリス女性ウェンディは，アメリカ男性とベッドを共にしている時にイギリスから恋人がやって来てパニックになる．彼女はセックスをめぐってグザヴィエと対立する．一方ウェンディの弟ウィリアムは皆から道化扱いされる．マリ出身の歌手アリ・ファルカ・トゥーレの音楽を聴いてレズビアンのイザベルがうっとりするシーンがある．その隣には女性化したグザヴィエがいた．こうしたシーンはヨーロッパにおけるイギリスやフランス語圏ベルギーとフランスのある側面を象徴しているように思える．キャスティングは監督自らがヨーロッパ中を駆けまわってオーディションで選んだ．

スパニッシュ・アパートメント

135

③③ 8人の女たち
8 Femmes

フランソワ・オゾン監督

▶ **製作**◎オリヴィエ・デルボスク，マルク・ミソニエ
▶ **原作**◎ロベール・トマ
▶ **脚本**◎フランソワ・オゾン，マリナ・ドゥ・ヴァン
▶ **美術**◎アルノー・ドゥ・モレロン
▶ **出演**◎カトリーヌ・ドヌーヴ，エマニュエル・ベアール，イザベル・ユペール，ファニー・アルダン，ヴィルジニー・ルドワヤン，リュディヴィーヌ・サニエ，ダニエル・ダリュー，フィルミーヌ・リシャール他
▶ **製作年等**◎ 2002 年，フランス，111 分

ストーリー

　雪深い人里離れた邸宅に家族が集まっている．クリスマス・イヴの朝，主人のマルセルが殺害された．すぐに犯人捜しが始まった．家にいた七人の女性と，後からやってきたマルセルの妹ピエレット（アルダン）を加えた八人の女性たちが容疑者である．マルセルと妻のギャビ（ドヌーヴ）は冷めた関係だった．母親のマミ（ダリュー）は株にしか興味がない．ギャビの妹オギュスティーヌ（ユペール）は短気なオールドミス．長女スュゾン（ルドワヤン）は休暇で英国留学から戻っていた．次女カトリーヌ（サニエ）は勝気な性格だった．さらに加えて，メイドのマダム・シャネル（リシャール）とルイーズ（ベアール）がいた．休暇ムードは吹っ飛んでしまい，お互いに相手の行動を疑い始める．そしてしだいに，それぞれの秘密が明かされる．犯人はいったい誰だ！

8 Femmes; 8 Women (2002) Ludivine Sagnier, Virgine Ledoyen, Catherine Deneuve, Emmanuelle Beart, Danielle Darrieux, Isabelle Huppert, Firmine Richard Characters: Catherine,Gaby,Louise,Mamy,Augustine,Madame Chanel Film: 8 Femmes; 8 Women (FR/IT 2002) Director: Francois Ozon 08 January 2002　Date: 08 January 2002、クレジット：AF Archive/Mars Distr/Mary Evans Picture Library/共同通信イメージズ

Suzon : C'est affreux. Je pars pendant un an et quand je rentre, papa est mort. Assassiné. Aujourd'hui je vois tout avec des yeux neufs. C'est incroyable comme en un an le visage change.

Gaby : Tu trouves que j'ai vieilli?

Suzon : Mais non, maman! T'es toujours aussi belle. Malgré les années qui passent.

Gaby : Peut-être. Mais cette catastrophe se chargera bien de me donner mon âge. Oh, mon Marcel! Nous nous entendions si bien! Nous étions tendrement unis!

Augustine : Hm! Au point de faire chambre à part.

....

スュゾン ：ひどいわ. 一年ぶりに戻ったのに. パパが殺されるなんて. 見るもの全てが未知のこと. 一年でこんなに様子が変わるなんて.

ギャビ ：私老けたかしら?

スュゾン ：ううん! ママはいつもきれいよ. 何年経っても.

ギャビ ：でも. この惨事で老けるわね. ああマルセル! 私たち分かり合えていたのに! 愛情で結ばれていたのに!

オギュスティーヌ：あらそう! 寝室を別にするくらいにね.

▼

◎文法のポイント▼ au point de + inf. は「～するくらい」の意味

キャストと花がペアになってスクリーンに現れる．ドヌーヴ演じるギャビは黄色い春蘭だ．花言葉は気品・清純．クレジットを観るのが楽しい．

クリスマス・イヴに主人が何者かによって殺された．遺産をめぐって犯人捜しが始まる．通報しようとするが，電話線が切断されていた．スュゾンが窓辺でギャビと交わしたセリフである．意地悪なオギュスティーヌが割り込んでくる．八人には影の部分があり，互いに虚々実々の駆け引きを演じる．それがこの映画の見どころだ．

ラスト近くでカトリーヌ（彼女の花はマーガレットで，花言葉は恋占い）による事件の謎解きが始まる．

Chanel : Allez Catherine, raconte !

Catherine : Alors écoutez-moi. Je vais vous raconter un beau conte de Noël. Il était une fois un brave homme, entouré de huit femmes qui le martyrisaient. Il luttait, luttait. Mais elles étaient toujours les plus fortes. Hier soir, ce pauvre homme s'est couché plus fatigué, plus ruiné, plus trompé que la veille. Et la ronde de ces huit femmes a recommencé. Heureusement, sa fille Catherine, cachée, a tout vu et tout entendu. (...)

シャネル ：さあカトリーヌ，話して！

カトリーヌ：じゃあ聞いて．クリスマスの素敵なお話よ．勇敢な男は周りの八人の女に苦しんでいたの．彼は抵抗した．けれど女たちがいつも強かった．昨夜，彼は疲れ果て，痛めつけられ，裏切られて床に就いたの．八人の暗躍が始まった．でも幸いなことに，娘のカトリーヌが隠れて全部見ていたの（…）

それぞれの嫌疑について説明する．観客は彼女が犯人かもしれないと思わされ，その数だけ裏切られる．このカトリーヌの話で映画が終わる筈がない！ 後は冷静に最後まで観るしかない．

◎文法のポイント▼ entouré de は「〜に囲まれた」，▼ la ronde「輪舞」

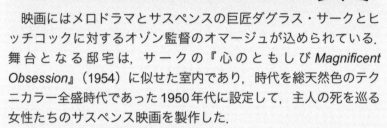

『8人の女たち』について

　映画にはメロドラマとサスペンスの巨匠ダグラス・サークとヒッチコックに対するオゾン監督のオマージュが込められている．舞台となる邸宅は，サークの『心のともしび *Magnificent Obsession*』（1954）に似せた室内であり，時代を総天然色のテクニカラー全盛時代であった1950年代に設定して，主人の死を巡る女性たちのサスペンス映画を製作した．

　衣装は50年代にディオールが提唱した「ニュールック」からインスピレーションを得ている．八人はそれぞれ豪華な衣装に身を包み，それぞれの演じる役柄のイメージと軽やかに戯れる．個性が光ると同時に彼女たちの不思議な一体感も醸し出されている．

　2002年のフランス映画界は，この『8人の女たち』で幕を開けたと言っても過言ではない．2002年においてフランス映画界で想像しうる最も優れた八人の女優が一堂に会しただけでもすごいことだが，彼女たちが歌って踊る夢のような舞台に観客は圧倒される．本作は批評家だけでなく，観客たちからも熱狂的に迎え入れられた．フランスに続いて公開されたドイツでは，フランス映画史上歴代第一位の大ヒットを記録した．ベルリン国際映画祭では，女優たちの芸術的競演に審査員全員が心を打たれ，あろうことか八人全員に銀熊賞最優秀芸術貢献賞が授与され，伝説的なフランス映画となった．

　オゾン監督のオマージュはまだある．映画の中でメイドのエマニュエル・ベアールのエプロンからはらりと一枚の写真が落ちる．それはオゾンが大ファンだった女優で，43歳にして突然天に召されたロミー・シュナイダーの写真だった．また，大柄なファニー・アルダンが真っ赤なドレスで手袋を脱ぎながら官能的にハスキーボイスで唄うシーンは，『ギルダ *Gilda*』（1946）のリタ・ヘイワースを思い起こさせる．この映画におけるサスペンスは，八人の女性たちが次から次へと競演することで生み出される緊張感のことだろう．ただし，その緊張感は目にとっては快楽なのだ！

③④ ある子供
L'Enfant

ジャン＝ピエール・ダルデンヌ＆
リュック・ダルデンヌ監督

▶**製作**◎オリヴィエ・ブロンカール
▶**脚本**◎ジャン＝ピエール・ダルデンヌ，リュック・ダルデンヌ
▶**撮影**◎アラン・マルコアン
▶**出演**◎ジェレミー・レニエ，デボラ・フランソワ，ジェレミー・スガール他
▶**製作年等**◎2005 年，ベルギー・フランス，95 分

ストーリー

　　20歳の青年ブリュノ（レニエ）は，定職に就くことなく，18歳の恋人ソニア（フランソワ）のアパートで暮らし，小さな盗みを繰り返しては，なんとかギリギリの生活をしている．ある日，二人に子供が生まれる．しかしブリュノには父親になったという実感がない．

　ある日のこと，子供を売り買いする闇の売人がいることを知る．そしてブリュノは盗んだモノを売りさばくように自分の赤ん坊を売ってしまう．受け取った代金を見せて説明すると，ソニアはショックで気を失い病院に運ばれる．ようやくブリュノは事の重大さに気づき赤ん坊を取り戻す．そしていつものように金を工面するために女性のハンドバッグを盗み，とうとう警察に捕まる．

　一体どうすればこの悪循環の生活から抜け出せるのだろうか．刑務所に面会に来たソニアとブリュノの長い沈黙が続く．

＊カンヌ国際映画祭に到着したベルギー人監督ジャン＝ピエール（左）とリュック（右）ダルデンヌ，俳優のレニエ（右2人目），フランソワ
EPA＝時事

Sonia　　：Mais pourquoi ? Bruno ? Bruno !
　　　　　　Ouvre !
L'homme：Qu'est-ce que tu veux ?
Sonia　　：Qu'est-ce que vous faites chez moi ?
L'homme：Bruno me l'a loué pour une semaine.
Sonia　　：Il est où Bruno ?
L'homme：Je sais pas.
Sonia　　：Ouvre ! Ouvre ! Il faut mon chargeur
　　　　　　de GSM. Donne-moi mon chargeur !

ソニア：どうしたの？　ブリュノ？　ブリュノ！　開けて！
男　　：どうしたんだ？
ソニア：私の部屋で何してるんです？
男　　：ブリュノから一週間借りてるんだ．
ソニア：ブリュノはどこ？
男　　：知らない．
ソニア：開けて！　開けて！　携帯の充電器が要るの．
　　　　充電器をとって！

ある子供

◎文法のポイント▼ pour une semaine の pour は期間を表す．
　▼ GSM は携帯電話を表すベルギー特有の単語．フランスでは
(téléphone) portable，スイスでは Natel，カナダでは cellulaire
のように，国ごとに呼び方が違う．

セリフの背景　　　ソニアは病院でお産を終えて，赤ん坊のジミーを抱
いて自分の部屋に戻ってきた．ところがブリュノは，
ソニアの部屋を若いカップルに貸していたのだ．映画
はソニアの困惑ぶりを表す上のセリフで始まる．
　冷たい風が吹きすさぶ通りを赤ん坊を抱いて，固定電話を探しブリ
ュノに連絡する．ブリュノは定職も寝場所もないまま盗みを繰り返し
生活している．この青年と少女に赤ん坊ジミーが誕生した．

ある日，ブリュノは盗んだビデオカメラを売って現金を得る．その時にバイヤーの女から恐るべき誘惑の言葉を聞く．「子供が生まれたのね．お金で子供を買う人もいるわよ」．職業安定所で順番を待つ間，ブリュノは物乞いをしながら赤ん坊を散歩させる．現金を工面しようと，悪魔に魅入られたブリュノは，ジミーをカメラと同じように売ってしまう．「ジミーはどこなの」と問うソニアにブリュノが答える．

> **Bruno:** Je t'ai dit que je l'ai vendu. Je vais au parc du botanique avec le landau. Je m'endors sur un banc puis je vais chez les flics pour dire qu'on nous l'a volé.

> ブリュノ：売ったって言っただろ．乳母車で植物園に行って．ベンチで寝込んでしまって，警察に行って盗まれたって言ったんだよ．

　「また作ればいいじゃないか．ほら金だ．僕らのだよ」．ソニアは気絶する．

　『ある子供』は，前作の『息子へのまなざし *Le fils*』(2002) の撮影をしていた時に，いつも一人で乳母車を乱暴に押している母親を見かけ，その父親のことを想像してできた作品だそうだ．ジミーは戻ったが，ソニアの信頼はもはや取り戻せない．二人は大喧嘩する．

> **Sonia :** Ta gueule! Arrête de me suivre!
> **Bruno :** J'ai besoin de toi Sonia! (...)
> **Sonia :** Lâche-moi.
> **Bruno :** Je voulais pas te faire de mal. Je voulais pas. Ne me laisse pas, me laisse pas.
> **Sonia :** Bouge-toi de là. Lâche-moi!

> ソニア　：黙って！ついて来ないで！
> ブリュノ：君が必要なんだ，ソニア！（…）
> ソニア　：離して．
> ブリュノ：悪気はなかったんだ．なかった．別れないでくれ．
> ソニア　：そこをどいて．離して．

　ソニアはドアを閉めた．

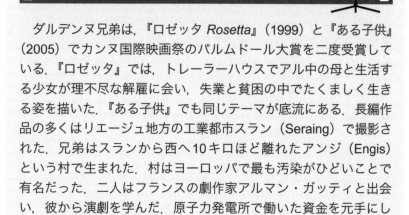

　ダルデンヌ兄弟は,『ロゼッタ Rosetta』(1999) と『ある子供』(2005) でカンヌ国際映画祭のパルムドール大賞を二度受賞している.『ロゼッタ』では, トレーラーハウスでアル中の母と生活する少女が理不尽な解雇に会い, 失業と貧困の中でたくましく生きる姿を描いた.『ある子供』でも同じテーマが底流にある. 長編作品の多くはリエージュ地方の工業都市スラン (Seraing) で撮影された. 兄弟はスランから西へ10キロほど離れたアンジ (Engis) という村で生まれた. 村はヨーロッパで最も汚染がひどいことで有名だった. 二人はフランスの劇作家アルマン・ガッティと出会い, 彼から演劇を学んだ. 原子力発電所で働いた資金を元手にして, 土地整備事業や都市計画が惹起する問題について, ドキュメンタリーを1974年に製作し, 映画監督の仲間入りをした.

　ダルデンヌ映画は, 政治的・経済的な抑圧の下で厳しい生活を送っている若者たちの生きざまを描き続ける. 映画の中には若者たちへの安易な同情や教訓めいた言葉などない. しかし貧困の若者たちにとっては, 労働こそが希望であり救済となる. 若者たちには追い詰められ, 絶望した雰囲気はなく, むしろ現状から抜け出そうとする強い意志さえ見られる. ラストシーンがそのことを見事に表現している.

　ブリュノは女性のハンドバッグを盗んで逮捕され収監される. 刑務所にソニアが面会にやって来る. 以前とは全く違う深刻な表情のブリュノとソニア. カメラは二人の表情を交互に撮りながら, 複雑な心のうちを観客に伝えようとする. 背景音もなく横顔のショットだけが続く. ブリュノが「ジミーは元気かい」と尋ねる. 観客はカメラワークが生み出す緊張感を通して, 二人のこれからの運命を知りたいという欲求が抑えられなくなる. そして次の瞬間, 突然, ブリュノの感情が溢れ出すのだ! 押し殺して低くうめくような声. 観客はブリュノの顔に刻まれた深い深い皺を観た. これこそダルデンヌ兄弟の映像世界である.

34

ある子供

143

35 恋人たちの
失われた革命
Les Amants Réguliers

フィリップ・ギャレル監督

▶製作◎ジル・サンドス
▶脚本◎フィリップ・ギャレル，アルレット・ラングマン，マルク・ショロデンコ
▶音楽◎ジャン＝クロード・ヴァニエ
▶出演◎ルイ・ギャレル，クロティルド・エスム，ジュリアン・リュカ他
▶製作年等◎2005年，フランス，183分

ストーリー

　　映画は，労働組合と学生たちの社会闘争に明け暮れた1968年から1969年のパリを描いている．

　　20歳の詩人フランソワ（ギャレル）は兵役を拒否する．そして若者たちと抵抗運動に参加する．一方で，ドラッグに手を染めてアントワーヌ（リュカ）と革命の話をする。召集令状を拒否し逃亡したことでフランソワには禁固刑が告げられたが，弁護士の力で執行猶予を獲得し，さらに兵役不適格者となった．

　　ある日，フランソワは鋳物工場で働きながら彫刻家を目指すリリー（エスム）と地下のたまり場で出会い恋に落ちる。1969年になり世の中が落ち着きを取り戻すと，フランソワは詩を書きながらリリーと一緒にいる．まもなくリリーはニューヨークに行く決心をする．「ブルックリンで頑張ってます」というリリーの手紙を読んだフランソワは…

LES AMANTS REGULIERS LES AMANTS REGULIERS
CLOTILDE HESME, LOUIS GARREL　Date: 2005, クレジット:Rona
ld Grant Archive/Mary Evans/共同通信イメージズ

François : "Il me manque le repos, la douce insouciance qui fait de la vie un miroir, où tous les objets se peignent un instant et sur lequel tout glisse. Ça, c'est Musset. Tu connais Musset ?"

Lilie : Non... enfin pas très bien. Tu sais, moi, à part Verlaine. Si, Baudelaire, un peu.

François : Alors, je te ferai découvrir la poésie. Et toi, tu me feras découvrir la sculpture. Comme ça, on... on se fera découvrir l'un à l'autre quelque chose qu'on aime vraiment. C'est le pied, non, ça ?

....

35

フランソワ：「私には休息が足りない，一生を全てがふと現れては消えていく鏡のようなものと考える無頓着さが私には欠けているのだ」．ミュッセの言葉だよ．知ってる？

リリー ：よく知らないわ．私は，ヴェルレーヌとボードレールなら少しだけ．

フランソワ：じゃあ詩の魅力を教えてあげるよ．僕には彫刻を教えてね．そうすればお互いホントに好きなものが分かるからね．いいだろ？

参考＊Alfred de Musset (アルフレッド・ド・ミュッセ), *Les caprices de Marianne* (『マリアンヌの気紛れ』), 1883, 1幕4場.

恋人たちの失われた革命

◎文法のポイント▼ C'est le pied. は，C'est formidable.「素晴らしい」のくだけた言い方．

1966年ストラスブール大学での民主化要求に端を発した学生運動は，翌年3月，パリ西部のナンテール大学に飛び火．そこでカリスマ指導者を得たことで68年の反戦運動へと発展し，5月3日にはソルボンヌ大学で大規模な逮捕者を出す．こうして五月革命が始まり，13日にはゼネストに突入する．フランソワは兵役拒否で軍法会議にかかるが，弁護士の努力で終身除隊となった．ある日，地下のたまり場でリリーと知り合う．その時のセリフだ．

　五月革命の出口が見えてきた69年，リリーは画家のモデルをするためにニューヨークに行く決心をした．別れの時である．

François : Je t'accompagne à l'aéroport ?

Lilie **: Non, j'ai commandé un taxi. J'ai promis que j'étais pas communiste. Non parce que tu sais euh, à l'ambassade des États-Unis, ils te font signer un bout de papier où tu dois jurer sur l'honneur que t'es ni communiste ni droguée.**

フランソワ：飛行場まで送ろうか？

リリー　　：タクシーを頼んだわ．共産主義者じゃないって宣誓したの．アメリカ大使館じゃ共産主義者でも麻薬中毒者でもないって書類に署名させるのよ．

しばらくしてリリーから手紙が届く．

Lilie : Depuis que j'habite Brooklyn, je ne sors pratiquement plus du quartier. Je partage un atelier avec une amie hongroise qui est sculpteur, elle aussi. Elle est un soutien pour moi, comme je le suis pour elle. Et nous nous encourageons beaucoup, ce qui est nécessaire ici, pour ne pas se sentir trop animal seul dans la jungle.

リリー：ブルックリンで暮らすようになって，地区の外にはほとんど出ません．彫刻家のハンガリーの女友達とアトリエを共有してます．お互いに支え合っています．密林にいる孤独な獣のように，まわりに対して過敏になり過ぎないため，お互い励まし合うことがここでは必要なんです．

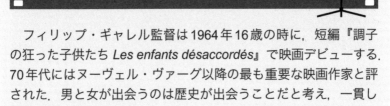

『恋人たちの失われた革命』について

　フィリップ・ギャレル監督は1964年16歳の時に，短編『調子の狂った子供たち Les enfants désaccordés』で映画デビューする．70年代にはヌーヴェル・ヴァーグ以降の最も重要な映画作家と評された．男と女が出会うのは歴史が出会うことだと考え，一貫して愛の誕生と喪失を描いている．

　『恋人たちの失われた革命』はフィクションだが，最初の45分は1968年に自身が経験した出来事を描いている．おそらく監督の記憶の中には，争乱の最中に自ら35ミリカメラで撮影したものの，その後行方知れずになってしまったニュースフィルムの映像があったに違いない．機動隊を真正面から撮った唯一の映像だったようだ．「芸術は歴史とみなされる可能性がある．だが歴史のフリをすることもある」というギャレル監督の言葉は重い．

　主人公フランソワには息子のルイ・ギャレルを起用した．この映画では恋愛のほかに，若者のグループがどのように生まれ分裂したかも描きたかったという．糾合と離散，それは若い世代に共通の問題だからだ．

　3時間の大作だが低予算で製作され，撮影も39日間だった．1968年を再現することの困難さは容易に想像できる．衣装はベルナルド・ベルトルッチ監督のものを使用した．あるインタビューの中で「自由のための経済条件です」とサラリと表現したが，まるで一流俳優の決めゼリフである．来日した際には，日仏文化センターの座談会で，警察権力が当時いかに若者たちを追い詰めていたのかを熱っぽく語ったという．俳優たちも彼の言う経済条件を満たしていた．祖父役は父モーリス・ギャレル，恋人リリーと貧しい画家リュック，退廃した生活のアントワーヌと幼少期に父を亡くしたジャン・クリストフらはギャレルが教鞭をとるフランス国立高等演劇学校の生徒たちだ．最後に本作品と併せて，NHKアーカイブス『新・映像の世紀　第5集　若者の反乱が世界に連鎖した～激動の1960年代～』を観るといいだろう．

36 夜顔
Belle toujours

マノエル・デ・オリヴェイラ監督

▶ **製作**◎ミゲル・カディリェ
▶ **共同製作**◎セルジュ・ラルー
▶ **脚本**◎マノエル・デ・オリヴェイラ
▶ **美術**◎クリスティアン・マルティ
▶ **出演**◎ミシェル・ピッコリ，ビュル・オジエ，リカルド・トレパ，レオノール・バ
　ラダック，ジュリア・ブイゼル他
▶ **製作年等**◎2006年，フランス・ポルトガル，68分

ストーリー

　映画は，『昼顔 *Belle du jour*』（1967）の38年後を描いている．齢を重ねたユソン（ピッコリ）は，コンサート会場で昔の友人セヴリーヌ（オジエ）を見かける．演奏が終わると一目散に彼女のところへ行こうとした．しかしながら人混みで彼女を見失ってしまう．コンサート会場近くの酒場のバーテンダー（トレパ）から彼女がホテル・レジーナに泊まっていることを聞き出す．そんなある日のこと，アンティーク店の前で偶然セヴリーヌと再会する．逃げようとする彼女を引き留めてディナーの約束をする．ユソンはレストランの個室でセヴリーヌが到着するのを待つ．そこにドレスアップした彼女が現れる．挨拶を終えると無言のまま食事を始める．

広い個室の中で，ナイフとフォークの音だけが響いている．38年という時の流れは何を変え，何をそのまま残したのだろうか．前作の「昼」が「夜」になったことは，映画の空気感からも理解できる作品である．

MICHEL PICCOLI and RICARDO TREPA in BELLE TOUJOURS (2006), directed by MANOEL DE OLIVEIRA., クレジット：ＩＣＡＭ/Ａlｂuｍ/共同通信イメージズ

Husson : (...) J'ai vu, il y a peu, sortir d'ici une femme fort distinguée, élégante euh, belle... déjà un peu âgée. La connaîtriez-vous par hasard ? Je suis arrivé trop tard pour lui parler et... je l'ai perdue de vue.
Femme 1 : Tu entends ce qu'il dit ?
Femme 2 : Non. Et ça ne m'intéresse pas !
Femme 1 : Si ça se trouve, il s'informe au sujet de celle qui est venue ici tout à l'heure.
Femme 2 : Probablement. Mais qu'est-ce que ça peut te faire ?

....

ユソン : (…) さっき品のいい，少し年配の美女が出て行くのを見たんです．知ってたりしますか？声をかけようと思ったんだですが，遅かった．見失ったんです．
娼婦1 : 聞いたかい？
娼婦2 : さあね，興味ないわ！
娼婦1 : きっとさっき店に来た女のことよ．
娼婦2 : たぶんね．でもだから何なの？

◎文法のポイント▼ Si ça se trouve は 話し言葉で「たぶん」の意味．

セリフの背景　コンサート会場でセヴリーヌを見かけたユソンは，彼女の後を追いかけたものの見失ってしまう．近くのバーでウイスキーを注文して，バーテンダーにセヴリーヌのことを尋ねるセリフだ．ポルトガル語訛りの娼婦たちがユソンに微笑みかける．それからは捜索の日々が続く．
　ついにアンティーク店ミザン・ドゥムールでセヴリーヌと再会し，彼女とディナーの約束をする．レジダンス・モンパルナスの個室でユ

ソンが待っている．これらの店は業態は違うが実在している．まるで
パリが二人の記憶の中で生きているように！そこへ黒いドレスのセヴ
リーヌが現れる．

Husson ：Hm! Nous ne sommes plus comme autrefois mais enfin
nous sommes tous deux en très bonne santé, non ?

Séverine : Oui. Oui, oui! On le dirait!

Husson ：Alors notre san- à notre santé! (petit rire)

Séverine : Je n'aurais pas dû venir.

ユソン　　　：お互い変わったけれど健康でよかったね？

セヴリーヌ：ええ，ええ！そのようだわ！

ユソン　　　：乾杯しよう！（軽く微笑む）

セヴリーヌ：来るんじゃなかったわ．

　リベラシオン紙は『夜顔』のことを「恐るべき欲望の力学」と評し
た．ユソンの欲望は38年経っても変わっていない．「過去は過ぎ去っ
た．我々は別々の人生を歩んだんだ．いまさら何が不安なんだい」と
言うユソンに，会いに来た理由をセヴリーヌが述べる．

Séverine : Il me faut absolument savoir.

Husson ：(rires) Savoir? Si j'ai... révélé à votre mari ce que je
savais à votre sujet ?

Séverine : C'est exactement cela que je veux savoir. Savoir si vous lui
avez révélé mes secrets que vous étiez le seul à connaître.
Car je ne vous ai plus revu après votre dernière visite.
(...)

セヴリーヌ：絶対知りたいの．

ユソン　　　：（微笑み）知りたい？私が君の秘密を夫に言ったか
どうかを？

セヴリーヌ：それこそ知りたいの．あなただけが知る秘密を話し
たかどうか．あなたとあの後一度も会ってないから．
(…)

◎文法のポイント▼ mes secrets「私の秘密」については，前作『昼
顔』を観てほしい．

『夜顔』について

　マノエル・デ・オリヴェイラ監督（1908-2015）はポルトガル北西部のポルトで生まれた．『過去と現在　昔の恋，今の恋 *O Passado e o Presente*』（1972）で注目された．100歳を迎えた2008年にも短篇映画を撮っている．

　『夜顔』はルイス・ブニュエル監督の『昼顔』の38年後を描き，この時オリヴェイラ監督は97歳だった．主役にはブニュエルの『ブルジョワジーの秘かな愉しみ *Le Charme discret de la bourgeoisie*』（1972）で共演したミシェル・ピッコリとビュル・オジエが起用された．キャスティングの妙と言えよう．『昼顔』と同じカトリーヌ・ドヌーヴがセヴリーヌを演じなかったのには，「映画は俳優にスポットライトを当てるためのものではなく，あくまで登場人物を描くためのもの」という監督の哲学があった．

　この映画の中で面白い役柄は，バーテンダーの若者だろう．横でヒソヒソ話する二人の娼婦も物語によいアクセントを与えている．ユソンは「これは存在しない話なんだ」と前置きしてセヴリーヌに起きたことをバーテンダーに告白する．「悪徳の悦びは秘密であればそれだけ大きい」とユソンが言う．バーテンダーは，「打ち明け話というのは聞き流してくれる相手に話すものなんです」と答える．ユソンとバーテンダーは知らない者同士，だからこそ成立した赤裸々な過去の暴露とそれを受け止める若者がいる．とても見ごたえのあるシーンだ．

　オリヴェイラは言う．「若さは失って初めて若いことが人生の中で一番輝かしい時期だったことを知る．そして過去を冷静に判断できるようになる」．ほの暗いローソクの明かりで食事をとるユソンとセヴリーヌ．二人は人間の強欲と罪の話をしているのだが，映像が醸し出す落ち着いた雰囲気によって，観客は安堵感に包まれているように感じる．38年の時間は彼らの過去を清算することになったのか．ユソンはセヴリーヌにめぐり会うことができたのだが，この後，二人は…．

37 ゼロ時間の謎

L'Heure zéro

パスカル・トマ監督

▶**製作**◎ユベール・ヴァトリネ，ベルナデット・ザンク
▶**原作**◎アガサ・クリスティー
▶**脚本**◎クレマンス・ドゥ・ビエヴィル，フランソワ・カヴィリオリ，ロラン・デュヴァル，ナタリー・ラフォリ
▶**音楽**◎ラインハルト・ワグナー
▶**出演**◎ダニエル・ダリュー，ジャック・セレ，キアラ・マストロヤンニ，ローラ・スメット，フランソワ・モレル，メルヴィル・プポー，クレマン・トマ他
▶**製作年等**◎2007 年，フランス，104 分

ストーリー

伯母のカミーラ（ダリュー）はブルターニュのカモメ荘に住んでいる．テニスプレーヤーのギヨーム（プポー）は新妻キャロリーヌ（スメット）と休暇でカモメ荘に滞在している．ただし今回は前妻のオード（マストロヤンニ）も来ていて，キャロリーヌはオードに対して嫉妬と敵意を抱いている．親戚のトマ（トマ）は幼なじみのオードのことが好きだった．そんなある夜のこと，元検事のトレヴォーズが死亡した．次の朝にカミーラもベッドの上で死んでいた．明らかに殺人であることからバタイユ警視（モレル）と甥のルカが捜査を始める．家の中にいた５名全員が容疑者であった．その後，捜査は二転三転するが，ついにバタイユ警視が巧妙な殺人計画の真相を突き止めた．容疑者全員は船の上に集められる．犯人は一体誰だ．

＊ギヨームを演じたプポー
THE BROKEN MELVIL POUPAUD THE BROKEN Date: 2008､クレジット:GAUMONT/LEFT TURN FILMS/Ronald Grant Archive/Mary Evans/共同通信イメージズ

Trevoz : (...) Une affaire pénible et très curieuse. Deux gosses, dont je ne mentionnerai ni l'âge euh ni le sexe, jouaient avec un arc et des flèches.

Guillaume : C'est très dangereux, le tir à l'arc. J'ai toujours refusé d'en faire.

Caroline : Moi, j'adore! J'étais même très très forte! Spouh!

Camilla : Mais laissez parler Monsieur Trevoz.

Trevoz : L'un d'eux, ou l'une d'elles, a tiré une flèche et a atteint l'autre enfant en pleine poitrine. Le malheureux a été tué sur le coup.

ゼロ時間の謎

トレヴォーズ：（…）痛ましくも奇妙な事件だった．年齢も性別も言わないけれども，二人の子供がいて弓矢で遊んでいた．

ギョーム ：弓矢は危険だ．僕は絶対やらなかった．

カロリーヌ ：私は大好き！ うまかったわよ！ シュって！

カミーラ ：話の腰を折らないで聞きましょう．

トレヴォーズ：二人の内の一人が弓を放って，相手の胸に刺さった． その子は即死だった．

▼

セリフの背景　舞台はブルターニュのカモメ荘である．事件の核心は元検事トレヴォーズのセリフの中に隠されていた．事件は弓に不慣れな子供が起こした偶発的な事故として処理された．しかし事件には続きがあり，加害者の子は弓矢が上手だったという証言が出てきたのだった．

その夜にトレヴォーズが死ぬ．心臓に持病があるのに階段を上った
ことが原因だった．誰かがエレベーターに故障の札を掛けていたのだ．
ほどなく今度はカミーラが殺害され，事件は謎を深め，バタイユ警視
の出番となる．甥のルカとバタイユが謎解きに挑む．使用人以外の五
人は推定無罪だというルカに．

> **Bataille : Il n'y a que des présumés coupables ! On nous rebat les
> oreilles avec cette présomption d'innocence, mais pour
> moi, tout ceux qui sont dans un rayon d'un kilomètre
> autour de la scène d'un crime sont des coupables
> potentiels. (...)**

> バタイユ：推定有罪の者しかないんだ！ 推定無罪は耳にたこがで
> きるほど聞くが，俺にとったら犯行現場半径1キロ以内
> にいる者は，皆，容疑者だ．（…）

カミーラの看護係に睡眠薬を飲ませた者がいたと分かり，内部の犯
行が濃厚になる．別荘にいる5人全員が容疑者となった．バタイユは
縺れた糸を解きほぐすように事件を解決へと向かわせる．そして関係
者全員を船の上に集め，ゼロ時間の真意とともに事件の真相を解説する．

> **Bataille : Vous connaissez peut-être la théorie de Charles Trévoz
> selon laquelle un meurtre n'est jamais que la fin de
> l'histoire. La conclusion d'une suite d'événements qui ont
> amené divers individus à converger dans l'espace et le
> temps vers ce point qu'il appelait l'heure zéro. Des gens
> venus de tous horizons et souvent pour des motifs fortuits
> s'y trouvent impliqués.**

> バタイユ：トレヴォーズの理論によると，殺人事件は物語の終わ
> りにすぎない．様々な人を導いていく一連の出来事の
> 結末は，空間と時間が同一の点へと向かう，その点こ
> そがゼロ時間なんです．人々はいろいろなところから，
> たまたまやって来て関わり合うことになるのです．

◎文法のポイント▼ rebattre les oreilles avec は「〜で耳にたこが
できるほど言う」の意味．▼ converger は「同じ一点に集める」．

『ゼロ時間の謎』について

　パスカル・トマ監督は『アガサ・クリスティーの奥さまは名探偵 Mon petit doigt m'a dit...』(2005) がヒットし，再度クリスティーのミステリーに挑戦した．通常のミステリーは，まず殺人が起き，それから犯人捜しとなるが，本作はその常識を覆すところから始まる．バタイユ警視の言葉を借りれば，「殺人事件は人々をゼロ時間へと導いていく物語の結末にすぎない」のである．ゼロ時間とは，弓矢事件の時点だ．

　ギョームを演じるメルヴィル・プポーは上流階級の子息で，老舗チフェネリのスーツを着こなす紳士ながら，どこか表情にミステリアな陰影がある．前妻役はマルチェロ・マストロヤンニとカトリーヌ・ドヌーヴの娘，キアラ・マストロヤンニ，彼女が着る黒のプラダドレスは圧倒的な風格がある．対して新妻のローラ・スメットも負けてはいない．ロック歌手のジョニー・アリデイと女優ナタリー・バイの娘であり，彼女はラクロワやエルメスを着こなしている．さらに映画に威厳を与えているのが叔母カミーラを演じ，シックなディオールやエルメスがよく似合う当時90歳のダニエル・ダリューだ．こうした華やかさは映画ならではの特権なのだろう．

　テレビドラマ『ミス・マープル Miss Marple』のシーズン3の第3話『ゼロ時間へ Towards Zero』(2008) には上のような楽しみと喜びは皆無だ．ロケ地に選ばれたブルターニュ地方の観光地ディナールにセットされたカモメ荘は，映画では明るい雰囲気なのだが，イギリスのテレビドラマでは陰鬱なイメージのカモメ荘になっている．

　忘れてならないのがトレヴォーズを演じたジャック・セレだ．彼の死によって時計の針はゼロ時間へと動き始める．大御所ダリューとセレの二人が隣り合わせに座り，セレが弓矢事件を語り始めると，あたりにサッとミステリーの空気が拡がる．名優とは実に不思議なものだ．

ゼロ時間の謎

155

㊳ 天使に ショパンの歌声を

La passion d'Augustine

レア・プール監督

▶**製作**◎リーズ・ラフォンテーヌ，フランソワ・トランブレー
▶**脚本**◎マリ・ヴィアン，レア・プール
▶**音楽**◎フランソワ・ドンピエール
▶**出演**◎セリーヌ・ボニエ，リザンドル・メナール，ディアーヌ・ラヴァレ他
▶**製作年等**◎2015 年，カナダ，103 分

ストーリー

　雪の中を院長オギュスティーヌ（ボニエ）が歩いている．そんな静かな映像で映画は始まる．カナダ・ケベック州にある聖心修道会の小さな寄宿学校は，様々な社会経済的背景を持つ娘たちに音楽教育を行い，コンクールで優勝する有名校である．ところが教育省が教育の世俗化を推進することで修道院学校の経営は見直さざるを得なくなった．そんな時に寄宿舎に不釣り合いなポンチョ姿でオギュスティーヌの姪アリス（メナール）が転校して来る．アリスは非凡なピアノの才能を持っていたが，クラスでは問題児だった．オギュスティーヌたちは寄宿学校を存続させ，音楽教育を継続するためにマスコミの力を借りて努力する．だが総長はすでに寄宿学校の売却を検討していたのである．オギュスティーヌたちの情熱は総長に届くのだろうか．

CELINE BONNIER and LYSANDRE MENARD in LA PASSION D'AUGUSTINE (2015), directed by LEA POOL., クレジット：ＬＹＬＡ　ＦＩＬＭＳ/Album/共同通信イメージズ

La Générale	: Billets de concert, un piano à queue et puis quoi encore? Des dépenses, des dépenses,... mais où sont les revenus?
Mère Augustine	: Vous savez comme moi que le talent ne se chiffre pas. (...)
La Générale	: Vos ambitions ont toujours été encouragées par notre regrettée Mère Marie-Thérèse. Mais voici le moment de rétablir les faits : votre obsession pour la musique nous coûte une fortune. Qu'avez-vous l'intention de faire ?

総長	: コンサートのチケット代，グランドピアノ代，ほかにもまだ？ 出費ばかりですね…収入はどこなんです？
オギュスティーヌ院長	: ご存知のように才能は数字にできません．(…)
総長	: 亡くなった前総長マリ・テレーズはあなた方の大志をいつも応援していました．しかし今は財政を立て直す時で，音楽偏重はお金がかかりすぎます．どうするおつもりですか？

▼

◎文法のポイント ▼ un piano à queue はグランドピアノ．▼ se chiffrer は「数字で見積もる」という意味．▼ obsession は「偏執的状態」と言ったマイナスの内容を表す．ここでは音楽教育を偏重しているということ．

157

セリフの背景

雪，また雪，そして雪．足がすっぽり隠れるほどの真っ白な平原をオギュスティーヌが観客の方に向かって歩いて来る．このオープニングはタイトルの『*La passion d'Augustine* オギュスティーヌの情熱』が表す不屈の強さを示している．上のセリフは，オギュスティーヌが生徒たちを連れて修道院本部へピアノ・コンクール出場を直訴に行く場面だ．世俗化により教会の力が弱くなり，公立校に転校する生徒が増えることを新総長はとても危惧している．そんなある日のこと，姪のアリスが転校してくる．バッハをジャズ風にアレンジして弾くアリスに，オギュスティーヌは非凡な才能を見る．

　ある食事の席でオギュスティーヌは修道院本部の決定を修道女たちに伝える．「見捨てられるのですか」と尋ねられ，オギュスティーヌはこう答えた．

> **Mère Augustine : On a pas dit notre dernier mot. On va se battre, au nom de nos convictions, pour nos filles, pour la musique. Pour tout ce que nous croyons juste. Et par-dessus tout, parce que j'aime profondément ce couvent.**

> オギュスティーヌ院長：降参なんて言ってませんよ．自信を持って闘いましょう，生徒と音楽のために．正しいと思うことのために．何より私はこの寄宿学校を愛しています．

　ケベック州政府の公教育政策を批判しながらも，クラシックの名曲と共に美しい映画を製作しようという発想は，さすがレア・プール監督である．ロシア民謡『夕べの鐘』を聴きながら，机に向かってペンを取るオギュスティーヌの横顔が映し出され．それが青白くキラキラと輝く雪景色へと移行するシーンは秀逸だ！

　総長はケベック訛りの不動産鑑定士を派遣し修道院の売却に乗り出す．すでに内堀も外堀も埋められていたのだ．アリスがショパンの『別れの曲』を弾く中，修道女たちは静かに去って行く．このラストシーンは潔く，そして清々しい．

『天使にショパンの歌声を』について

　ジュネーヴ生まれのレア・プール監督は，1975年カナダに移住した．1978年から83年までケベック大学モントリオール校で映画の講義を担当し，カナダを代表する映画監督として知られる．思春期の少女愛を描いた『翼をください *Lost and Delirious*』（2001）と神秘の蝶と少年を映像化した『天国の青い蝶 *The Blue Butterfly*』（2004）は日本でもヒットした．

　『天使にショパンの歌声を』は1960年代を描いていて，背景にはケベック特有の現実があった．ケベック州では「静かな革命 Révolution tranquille」と呼ばれる近代化政策の一環として，1964年に教育省が設置される．教育省はカトリック勢力とプロテスタント勢力のバランスをとろうと努力し，それによってカトリック色の強かった教育の世俗化が進むことになる．そして新たな学校制度が始まり，この映画のように聖心修道会が運営する小さな寄宿学校の未来に暗雲が立ち込める．教会が運営する学校は公立学校によって淘汰される運命だったのである．

　プールの作品にはいつも女性たちへの眼差しがみられる．この映画にも次のようなシーンがある．修道女たちがテーブルを囲んでカードをしている．するとラジオからインタビューの声が聞こえてくる．「男がピルの決定権を持ってるなんておかしい！女性が決める問題よ．神が決めるべき問題なんかじゃないわ」．

　本作品でアリス役を演じたリザンドル・メナールは，カナダの将来を背負って立つピアニストの一人だ．あるインタビューの中で彼女はこう答えている．「レアはケベックの偉大な映画監督の一人です．情熱的でそばにいて安心できる人です．その彼女が音楽家を集めてクラシック音楽についての映画を撮ると聞いて，私は喜んで出演しました」．観客は寄宿舎に初めて到着した時のポンチョ姿のアリスと，ラストでオギュスティーヌに金メダルを掛けるアリスの変貌ぶりに驚かされるに違いない．

天使にショパンの歌声を

159

〈著者〉

川口裕司（かわぐち　ゆうじ）
東京外国語大学名誉教授．東京外国語大学大学院修士課程修了．静岡大学人文学部を経て，東京外国語大学外国語学部に勤務．外国語教育学会会長，日本学術振興会学術システム研究センター主任研究員などを歴任．ランス大学博士（言語科学）．著書に，La prononciation du français dans le monde : du natif à l'apprenant 共　著（CLÉ International, 2016），『初級トルコ語のすべて』（IBC パブリッシング, 2016），『フランコフォンの世界——コーパスが明かすフランス語の多様性』共編訳（三省堂, 2019），『デイリー日本語・トルコ語・英語辞典』監修（三省堂, 2020），『映画に学ぶ英語』共著（教育評論社, 2022），『モジュールで身につくトルコ語』共著（東京外国語大学出版会, 2024），『新装版　ゼロから話せるフランス語』（三修社, 2024）などがある．

映画に学ぶフランス語

2024 年 5 月 27 日 初版第 1 刷発行

著　者　　川口裕司

発行者　　阿部黄瀬

発行所　　株式会社 教育評論社

　　　　　〒 103 - 0027
　　　　　東京都中央区日本橋 3-9-1 日本橋三丁目スクエア通
　　　　　Tel. 03 - 3241 - 3485
　　　　　Fax. 03 - 3241 - 3486
　　　　　https://www.kyohyo.co.jp

印刷製本　萩原印刷株式会社